梵文佛典讀本

Sanskrit Buddhist Sutras: A Reader's Guide

唐秀連　編著

文史哲出版社印行

國家圖書館出版品預行編目資料

梵文佛典讀本 Sanskrit Buddhist Sutras: A Reader's Guide
/ 唐秀連編著. -- 初版 --臺北市：文史哲,
民 99. 04
頁: 公分
ISBN 978-957-549-894-8 (平裝)

1.大藏經 2.梵文

221.08 99006591

梵文佛典讀本

Sanskrit Buddhist Sutras: A Reader's Guide

編著者：唐　秀　連
出版者：文　史　哲　出　版　社
http://www.lapen.com.tw
e-mail：lapen@ms74.hinet.net
登記證字號：行政院新聞局版臺業字五三三七號
發行人：彭　正　雄
發行所：文　史　哲　出　版　社
印刷者：文　史　哲　出　版　社
臺北市羅斯福路一段七十二巷四號
郵政劃撥帳號：一六一八〇一七五
電話886-2-23511028・傳真886-2-23965656

實價新臺幣三八〇元

中華民國九十九年（2010）四月初版

ISBN 978-957-549-894-8　　20009

Preface

by Prof. K.T.S. Sarao

It has given me immense pleasure to learn that Dr Tong Saulin is bringing out the word-to-word translation of portions of some well-known Sanskrit Sūtras such as the *Śatapañcāśatka-stotra*, the *(Smaller)Sukhāvatīvyūha*, the *(Larger)Sukhāvatīvyūha*, and the *Saddharmapuṇḍarīkasūtra*. Though these sūtras have already been translated into Chinese, yet never before any portion of these sūtras have been translated word-for-word into Chinese. Dr Tong has given the original Sanskrit in romanized script along with a word-for-word meaning and grammatical explanation. Such an exercise shall provide an opportunity to the readers to learn both the sound and the meaning of each and every word. Such a presentation would also offer an opportunity to them to appreciate and enjoy something of the original language, which is very profound and concise. Below each verse is given its translation in readable Chinese which it is hoped shall further help in better understanding the relevant portions of the sūtras. Sanskrit transliteration giving every single unit of discourse is designed to show the readers how the words are pronounced, so that, if they desire, they can appreciate the sound of the original language.

In making the readable translation that appears alongside each portion, Dr Tong's objective has been to stick as closely as possible to literal meanings. And while doing so, her main priority has been to provide simple clarity. It is useful to study words in order to understand the sentences, but, like roots and stems, isolated words are in fact mere abstractions devised by grammarians for the analysis of language. Thus, the analysis and the learning of any language should be based on the study of sentences, that is of the language as it is actually found in use. It is the sentences which are the natural units of discourse and which are the minimum units having precise, fully articulated meaning. For the purposes of study we have to assign approximate meanings to words and list these in vocabularies, but these generalized meanings of words are extremely vague, whereas sentences have exact meanings. In translation one may find close equivalents for sentences, whilst it is often impossible to give close equivalents for words. The value of Dr Tong's work lies in the fact that while doing the translation of chosen portions of the different sūtras she has taken care of all this.

This work is meant both for the general as well as the specialist reader. I am sure this book will go a long way in bringing the Word of the Buddha to both the believers as well as the nonbelievers.

Professor K.T.S. Sarao

Head, Department of Buddhist Studies, University of Delhi

Preface

by Prof. Sanjaya K. Singh

A compilation collecting selected verses of selected classical and Buddhist Sanskrit text, as presented by Dr Tong Sau Lin, is an excellent study that can be noted for its academic value. It is known among scholars that Buddhist Sanskrit grammar is a field in which very few authentic works are currently available. It is a difficult field to discern due to the need for a base understanding of classical Sanskrit as well as Pali and Prakrit.

For a person whose language is based in a different family it can be particularly difficult to learn Sanskrit grammar and then translate Buddhist Sanskrit text with grammatical descriptions. Here, I must enthusiastically endorse and recommend Dr Tong Sau Lin as an expert on classical Sanskrit grammar. Her zeal for Buddhist Sanskrit grammar is evident. Her groundbreaking work moves Buddhist Sanskrit studies forward.

This present work consists of various texts such as *Buddhacarita*, *Saddharmapuṇḍarīka* and *Sukhāvatīvyūha* among others. All of these are very important in Mahāyāna Sanskrit literature for both their religio-philosophical and lingual significance. Except for Aśvaghoṣa's *Buddhacarita*, all were written in Buddhist Sanskrit language.

I hope and believe that the diligent work of the author will be appreciated and acknowledged by scholars. It is also expected that this effort will elevate the interest of scholars towards this field.

Dr Sanjaya Kumar Singh
Assistant Professor in Pali, Prakrit and
Buddhist Sanskrit Grammar and Philology
Department of Buddhist Studies
University of Delhi

自　序

近十年來，不論中、港、台三地，在華文的佛教學術圈子和教育機構中，學習梵語，務求掌握梵語基礎知識的風氣，已漸次形成，甚且已發展成佛學界的共識。但是，就筆者的個人觀察，現今有感梵語難學而視爲畏途的，仍然大有人在。一般的說法，總是認爲梵文語法變化極端複雜、繁瑣，詞彙量又龐大，非痛下強記的苦功夫不可。梵語原屬印歐語系，與漢語截然不同，比起歐美學者，中國人在學習上理所當然地增添不少困難。

梵文是公認古奧、複雜、繁瑣的「活化石」語文

然而這些理由，恐怕只能說對了一半。在現代印地語中，有一大部份的詞彙庫是傳承自古典梵語的，這自然給印度的梵文學習人士省下不少記誦語彙的氣力，可是，梵文語法過於精細繁瑣，即使是印度人，亦往往產生裹足不前之感，更遑論是本來就與梵文文化土壤缺乏親緣關係的外國研習者了。可見要學懂一種公認古奧，而且僅存在於經典文本的「活化石」語言，缺少堅毅的恆心和意志，是絕難成功的。在這一點上，歐美學者其實並不比中國學生具備更多的先天優勢，如果說，他們果真有甚麼優勢的話，那應該是歐洲學生自中學時代起，便需接受拉丁文、希臘文、法文等數種語文的訓練，在整個中學階段，已很熟悉修習印歐語言的方法，因此待他們進入大學選修梵文時，便不會對這種古印度語望而生畏。反之，一般的中國初學者，除英語外，較少機會長期接觸第二種印歐語文，一旦面對梵文浩如煙海的語法規則，難免會心存畏懼，很可惜，這種心理上的恐懼感通常只會向下沉淪成學習的障礙，而不會向上提升爲奮進的動力。

以上所言，其實亦是筆者初學梵文時的寫照。筆者最初是在香港學習梵文的，接受的是傳統的教學法，其特色是，並不重視理解語法結構，充其量老師也只是按教科書照本宣科，只偶爾囑咐同學熟習文法規則和翻查圖表。如是者經過好幾年，雖然學懂了一些基本的語法概念，無奈總是無法建立起對梵文的親切感，反覺得其龐雜又不可理喻的語法體系，予人沉重的壓迫感，漸漸地竟對梵文有點灰心喪志起來。之後筆者遠赴日本駒澤大學繼續進修，在第一堂課，老師完全略過天城體和語音部份，直接進入名詞的變化；第二堂課，已要求同學逐字逐句地將梵語翻成日語，還要做即席報告，遇有不明白的地方，老師才補充講解。這種教學方法，與香港的經驗簡直是一個強烈的對比，帶給我極爲強烈的震撼。我相信，這就是季羨林教授經常提到的梵文學習法，所謂：學語言與學游泳無異，切忌冷眼旁觀，應該鼓起勇氣，儘快下水，淹不死的自然學懂怎樣駕馭水性。到後來，我固然慶幸自己是倖存者之一，但更重要的是過程中帶給我的深刻啓示：面對梵語，心理上的畏怯感其實絕大部分源自一些不必要的誤解和成見，唯有一往無前地深入堂奧，全面地貫通語法結構的深層理據，才是克服懼意，培養自信，跟梵文和諧共處的不二法門。

要跨越心理上的學習障礙，可從學習法和教學法上著手

由此我深信，中國學生若要跨越心理上的、技術層次上的學習障礙，其實都可從學習法和教學法上著手。要做到這點，並非如想像中般困難。要之，對文法 — 而非單純對語意 — 的透徹理解應該重於一切。就此而言，古典梵文的語法規則固然浩繁，但它的好處恰恰也在於此。由於人爲化的程度甚高，梵文的文法律則皆遵循嚴格且富邏輯性的規定，因此，其語法結構不但自古至今維持著很強的延續性，而且可以對其進行理論性的分析和說明。舉例說，同是連聲規則，巴利文便呈現多樣性、不一致性的特徵，充滿非規格化的特殊例子，不似古典梵文般「循規蹈矩」，這充分反映出順乎自然語言習慣的俗語（Prakrit）和人工化的精英語言的差別。連聲規則是學習梵文的第一道關卡，不少初學者即止步於此。然而，若從一開始便正確掌握發音位置和原理，以及古典梵文對待不同語音的偏好和處理方法等知識，那麼，透過「同化」（assimilation）這個綱領，自可從大體上領悟連聲的總原則，這樣，再回頭來記憶細部的連聲規則，便會豁然顯通，得心應手，完全可以避免硬記死背文法條目，大掃學習興味的負面後果。

不能通達梵文語法的內在理路，就不可能準確地捕捉語言

說到忽視語法的整體架構與其規範背後的原理，而著重查找語法規則、連聲圖表，這種側重實效的機械式學習法和教學法，在入門階段，無疑是頗爲便捷奏效的途徑，讓學生跳過繁雜的文法規則的困擾，迅速體驗到直接閱讀梵文原典的樂趣和方法。但是若一路下來，仍然擺脫不了不求甚解地硬背、查表的固習，那麼可以預期，梵文知識容或變成一項解讀佛典的輔助工具，卻未必能在學術的版圖上，讓研習者走得更廣、更遠。這是因爲，不能通達梵文語法的內在理路，就不能準確地捕捉語言，繼而不能恰當地理解原典，乃至無法疏通文獻內部的各種思想問題。至於較此爲甚且更加危險的態度，就是漠視梵文原語的獨立個性，沿襲漢譯的思路來拆解梵語，於是造成經典文獻的誤讀情況，比如，有可能將 dharma-anudharma-pratipatti（巴利文：dhamma-anudhamma-patipatti；傳統漢譯作「法次法向」或「法隨法行」），按漢語造語法的習慣，分析爲「法次」、「法向」兩個詞語。又或者，僅注意到 anu-這個接頭辭的個別意義，就將 anudharma 闡釋爲「次等的法」（lesser or inferior dhamma）。以上第一種解釋，是犯了梵語語法層次上的錯誤，第二種解釋的未盡之處，則是出於對接頭辭歧義性的認知不足。無論如何，兩種釋義都顯然深受「法次法向」這個漢譯語詞的意象所籠罩，一則令梵語原意不彰，復令原典生命，光采黯然，這是很叫人惋惜的。

現今中文編寫的梵文教材仍然不多

除了學習方法有改進的空間，目前通用的梵文教材，尤其是以中文編寫的，素材和種類都不算多，也常使中國學生感到支絀。這些教材和參考讀物當中，語法書籍占了很大的比例，好像羅世方的《梵語課本》（1990）、吳汝鈞的《梵文入門》（2001）、釋惠敏和釋齎因合著的《梵語初階》（1996）等。另有一些是專門介紹梵文字體和梵文咒語的，好像林光明先生就寫了一系列相關的專著，如《梵字悉曇入門》、《大悲咒研究》等。工具書方面，較常使用的，有林光明、林怡馨合編的《梵漢大辭典》（2005），和林忠億的《佛學名詞中英巴梵彙集》（1971）。以上所見，都是屬於導讀類或索引類的書籍。如果本身已具備一定程度的語法知識，欲借助梵漢對照的讀本，磨練閱讀梵文文獻的實力的話，那麼羅世方和巫白慧的《梵語詩文圖解》，會是相當理想的選擇，唯一美中不足的，是書中收錄的文本全都取自印度古代的著名史詩，佛教經典完全闕如，抱著研讀佛教原典爲目標而修習梵文的大多數中國學生，也許會略失興致。

就筆者所知，除研究咒語的專著外，坊間唯一選用佛教經文，實行梵漢對照的讀本，是林光明先生的《梵藏心經自學》（2004）。此書逐字逐語追踪梵語字源，詳析文法變化規則，並收集了各種中、英、日的現代譯本，互爲對比，內容十分翔實可觀，對梵語學習者裨益甚大。可惜除此之外，市面上別無同類讀物。若放眼漢語以外的出版物，以英文撰述的梵語讀本，現在仍然流行的，有 Charles Rockwell Lanman 的 *A Sanskrit Reader*（1884 年初版），這是筆者在日本研修期間佛教學部指定的教科書，據悉台灣一些佛教學院現在仍有採用爲教材。但本書只收錄文本和語彙表，並未進行文法分析和語句解說，且其內容和取材，也跟佛教沒有關連。

在日本，研究印度文化者大不乏人，梵文讀本的種類亦相對較爲豐富。菅沼晃的《サンスクリット講読》(1986)，與《梵藏心經自學》在形式上頗爲雷同，但所有文獻均屬於《薄伽梵歌》、《奧義書》等「外典」。鎧淳改訂兼校注的《サンスクリット叙事詩・プラーナ読本》(1995)，其原型是 J. Gonda 的 *A Sanskrit Reader, containing seventeen Epic and Purāṇic Texts* (1935)，內容一律來自往世書及《摩訶婆羅多》的敘事詩，與岩本祐的《サンスクリット読本》(1964) 選材相類。辻直四郎的《サンスクリット読本》(1975) 是以梵文古典文學爲主，包括寓言、敘事詩和戲曲，兼收了數篇佛教文學作品。奈良康明的《梵語仏典読本》(1970)，顧名思義，收錄的篇章全屬梵文佛典，可惜，辻氏和奈良氏二人的著書，雖在語彙表中，羅列出關鍵詞語的意義，但全書既欠缺語法剖析，亦沒有逐字逐語的釋義，讓教師和自學者，皆感不便，做爲梵文讀本，我認爲，這兩書的功能應可更全面地發揮出來。

筆者亦曾在印度德里搜尋當地出版的梵語文獻讀本，最後只能找到《薄伽梵歌》等名篇的梵英對照解讀本，未有發現佛教題材的梵文讀本。

梵漢佛典讀本的匱乏，觸發筆者撰寫這類讀物的念頭，經過差不多兩年時間，此書終於付梓。在選材上，本書的梵語佛典文本，是摘自辻氏和奈良氏兩書的選文；同時，爲使讀者了解佛典梵語的不同形態和特色，選文涵蓋正規古典梵文，和混合了中期印度語（Middle Indic）的佛教梵文（Buddhist Sanskrit）的節選章。前者包括馬鳴（Aśvaghoṣa）

的《佛所行讚》、摩咥里制吒（Mātṛceṭa）的《一百五十讚佛頌》；後者包括《法華經》的〈如來壽量品〉和〈觀世音普門品〉，《阿彌陀經》及《大無量壽經》。

本書的凡例與編寫方式

每篇選文，本書都提供「解題」、「選文」、「語句解釋」、「文句語譯」四個部份。「解題」概述文獻的主旨和流布狀況。「語句解釋」以字、詞（單詞和複合詞）爲單位，闡明連聲變化、字/詞的意義、屬性、詞根、變格（名詞、形容詞等）或變化（動詞）。「文句語譯」則以完整的句子/偈頌爲單位，將梵語原句逐一翻譯成漢語。在書末並附有語彙表，收錄選文中曾出現過的詞彙的精簡釋義，方便讀者隨時檢索。

本書的編寫方式，首重梵語學習的效果。爲表現梵語原文的句法特徵，筆者在翻譯過程中，儘可能採取直譯。有時爲了適應漢語語法結構，令語意流暢可解，會在譯文裡添加一些原文未出現過的字眼，這些附加字辭，將以括號表示。不過，眾所周知，梵漢分屬不同語系，在語法構造上迥然有別，僅憑直譯，實難以適應目的語的使用習慣，故本書亦需兼採意譯，然而總的來說，仍然以務求展現梵文的語法和句式形態爲首要考慮。與此同時，筆者亦參照了一些直接迻譯自梵本的當代英、日譯本，此等譯本的名目，已在「參考書目」中列出。

由於本書不是語法書，故筆者不打算將古典梵文的文法規則逐一列舉，讀者可自行參閱相關書籍。

本書在籌備和撰寫過程中，承蒙各方先進的襄助，在此衷心致謝。首先，感謝德里大學佛學系系主任 K.T.S. Sarao 教授，及該系的梵、巴、俗語（Prakrit）專家 Sanjaya Kumar Singh 教授惠賜序言，特別是 S.K. Singh 教授，爲筆者解決了不少疑難，匡正紕漏，玉成本書之順利面世。駒澤大學佛教學部伊藤隆壽、片山一良、金澤篤諸教授之教益，台北中華佛學研究所李志夫教授對筆者撰述本書之鼓勵，讓我銘記於心。香港中文大學哲學系姚治華教授、文化及宗教研究系的學愚教授、志蓮夜書院梵文班的同學，給予本人很多寶貴的意見和啓發；台北文史哲出版社的彭正雄先生，惠允編印及發行本書，於此一併申謝。由於個人學殖淺薄，書中難免會出現若干錯漏，尚望讀者原宥，並不吝斧正。

唐　秀　連

2010 年 3 月 31 日序於香港

梵文佛典讀本

目　　次

凡　　例

本書每篇選文，均分成解題、選文文本和釋義三大部份。爲方便讀者，所有梵文語句及詞彙，一律以羅馬拼音轉寫的方式標記。

釋義之下，再分爲語句解釋及文句語譯兩個部分。

在語句解釋中，將文句拆解成詞語，集中分析詞語之間的連聲規則，個別詞語的的詞根、活用和變化，以闡釋由連串詞語構成的語意。因此，本部分對某一語句的解釋，是首先著眼於語詞的個別意義，進而基於此，闡明各個語詞經過連聲規則和句法的組合後，在文本脈絡裡所產生的實質語意。

本部份對單語的闡釋，概按如下凡例加以說明：

連　聲

a.　原文若有連聲的情況，在解說時會分拆出連聲詞組所包含的單詞元素，元素與元素之間以“-”表示，其後再分別解釋各單詞的活用和變化：

例　manovāk：manas-vāk　tasyaiva：tasya-eva

b.　在某些文法書中，名詞/形容詞變格中的 ḥ 會寫成 s，對此情況，會在（　）內標示出來，供讀者參照：

例　vedikābhiḥ：vedikā，“欄楯”，女複具（vedikābhis）

以上，vedikābhiḥ 是在文本中出現的原語，vedikā 爲名詞的原形，vedikābhis 是女性複數具格的另一個變格形式。

c. 在絕對語尾前的韻尾鼻音（ṃ），其連聲前的原形，在（ ）內標示：

例 Sukhāvatyāṃ：Sukhāvatī，“極樂”，女單位（Sukhāvatyām）

以上，Sukhāvatyāṃ 是在文本中出現的原語，Sukhāvatī 是名詞的原形，Sukhāvatyām 是女性單數位格在發生外連聲前的形態，即還未變成 ṃ 前的 m。

名 詞

先用粗體標示在原文出現的名詞，後接冒號（：）、名詞原形，之後在“ ”內表明語意，接著是名詞變化的性、數、格；若原文的名詞已發生連聲變化，則在最後以括號表示未發生連聲前的性、數、格，有時亦會說明連聲的變化。

例 caryām：cārya，“修行”，女單對。

snehān：sneha，“父母之愛，感情”，男單從（snehāt；末尾的 t 後接 n，變爲 n）。

形容詞、代名詞

基本上與說明名詞的格式一樣，先用粗體標示在原文中的形容詞、代名詞，後接冒號（：），詞語原形，標示爲形容詞的略語「形」，或代名詞的略語如「人代」（人稱代名詞）等，之後在“ ”內表明語意，接著是詞語變化的性、數、格；若原文的詞語曾發生連聲變化，則在最後以括號表示未發生連聲前的性、數、格，有時亦會說明連聲的變化。

例　**akuśalasya**：akuśala，形，“不善”，中單屬。

sa-vāsanāś：sa-vāsanā，形，“帶有熏習的”，女複主（sa-vāsanās；末尾的 s 後接硬腭音 c，變 ś）。

tam：tad，人代，“他”，男單對。

分　詞

分詞是指由動詞衍生的帶有活用形態的詞類，包括過去被動分詞、現在主動分詞、未來必然分詞等。

解說的方式如下：

用粗體標示選文裡的分詞，後接冒號（：），分詞的原本形態，分詞的動詞詞根和動詞類型，在“ ”內表明語義，分詞類型的略語，性、數、格的變化。若原文的詞語曾發生連聲變化，則在最後以括號表示未發生連聲前的性、數、格，有時亦會說明連聲的變化。

例　**vyanusṛtāṃ**：vyanusṛta，vy-anu-sṛ- I.，“浸透”，過被分，女單對（vyanusṛtām）。

kīryamāṇam：kīryamāṇa，kṝ- VI.，“散佈”，現被分，男單對。

samarann：smarat，smṛ- I.，“憶念”，現主分，男單主（smaran；除了 m 外，位於短元音之後的鼻音，若後接元音，必須重疊 →smarann）。

副詞、不變化單詞

副詞與不變化單詞統一處理。不變化單詞涵蓋不變化詞（indeclinables）、連接詞、小品詞、感歎詞。

解說的方式如下：

用粗體標示選文裡的單詞，後接冒號（：），單詞的原本形態（如與選文相同則省略），單詞類型（副詞、絕對詞、小品詞等）的略語，在“ ”內表明語義。若原文的詞語曾發生連聲變化，則在最後以括號附加未發生連聲前的詞形，有時亦會說明連聲的變化。

例　**iva**：連，“好像，as if”。

（「連」表示 iva 是連接詞。）

nyāyyaṃ：nyāyyam，副，“適宜”。

（**nyāyyam**：nyāyyaṃ 的原形，「副」：副詞。）

動詞的不變化詞（絕對詞、不定詞）

屬於動詞系統的不變化詞，即絕對詞（absolutive，或動名詞，gerund）和不定詞（infinitive）。其解說的表達方式如下：

用粗體標示選文裡的單詞，後接冒號（：），絕對詞、不定詞的動詞詞根和類型，在“ ”內表明語義，（ ）內爲單詞的原本形態（如選文中的單詞與其原本形態相同，則省略），若原文的詞語曾發生連聲，有時亦會於（ ）內註明連聲的變化。

例　**gantuṃ**：gam- I.，不定，“去”（gantum）。

viditvā：vid- II.，動名“知道”。

（因選文中的 viditvā 即此動名詞的原形，故不額外註明。）

動　詞

先用粗體標記選文的動詞，後接冒號（：），動詞的詞根及類型，釋義（在“ ”內說明），動詞的時態、語氣（mood，如：直陳）、數（單/雙/複）、人稱、語態（voice：爲自/爲他）。如涉及第二次活用（使役、被動、強意、意欲），會特別註明。

例 **kariṣyāmi**：kṛ- VIII.，“造，作”，未來，直陳，單一，爲他。

vidyate：vid- II.，“知道”，現在，直陳，單三，被動。

複合語

先以粗體標示選文中的複合語，後接冒號（：），並按照語義，將複合語拆解爲單詞，各個單詞以“-”連接，同時在“ ”內解釋整個複合詞的語義。然後，在“»”符號之後，進一步闡明各單詞的獨立語義；單詞的說明之間以“。”分隔。闡釋單詞獨立語義的格式，一律按照 3.1-3.6 的規格。在“»”符號之後出現的單詞，不論是沿用選文的形態或其詞語原形，均不採用粗體文字。“»”以下對單詞的進一步拆解則以“→”表示。

例一 **mahārṇavayugacchidrakūrmagrīvārpaṇopamam**：mahārṇava-yugacchidra-kūrma-grīva-arpaṇa-upamam “如在大海裡海龜以頸項穿過軛孔一樣”。» mahārṇava：

mahā-arṇava，“大海”，男。yugacchidra：yuga-cchidra，“軛孔”，中（cchidra 原作 chidra；根據內連聲規則，ch 在元音後，變爲 cch）。kūrma：“龜”，男。grīva：“頸項，脖子”，男。arpaṇa：“插入”，中。upama：形（於複合詞末），“像…一樣，相當於…”，中單對。

例二 karmacchidrasasaṃśayām：karmacchidra-sasaṃśayām，“因爲業的缺陷而有危機”。» karmacchidra：karma-chidra，“業的缺陷”，中。（cchidra 原作 chidra；根據內連聲規則，ch 在元音後，變爲 cch）。sasaṃśayām：sa-saṃśayām，“有危險”，女單對。

*爲免冗贅，在同一偈頌或篇章中重覆出現的語詞，有可能略去有關的解說。

選文中常見的連聲規則

若語句解釋部份未有提供連聲的說明，請參考以下常見的連聲規則：

（1）-as：末尾的-as 若後接有聲輔音，變爲 o；若後接 a，則變爲 o'，a 被省略；在 a 以外的元音前，變爲 a。

（2）-ās：末尾的-ās 在有聲音（包括元音）前，變爲-ā。

（3）-s, -r：-s, -r 若在 k，kh，p，ph，ś，ṣ，s 之前，和在一語的最後位置，要變成 ḥ。-s 在 a, ā 以外的元音後，並在有聲音前，變成 r。

（4）-m：末尾的-m，在元音前不變，在輔音前則變爲韻尾鼻音（ṃ）。

（5）sas：指示代名詞 tad，etad 的男性單數主格分別爲 sas 及 eṣas，但在輔音前，sas 變爲 sa，eṣas 變爲 eṣa。

略　語

本書在解說部份所採用的略語及其代表的意思，標示如下：

略語	代表意義
男	男性名詞/形容詞/分詞（masculine）
中	中性名詞/形容詞/分詞（neuter）
女	女性名詞/形容詞/分詞（feminine）
單	單數（singular）
雙	雙數（dual）
複	複數（plural）
主	主格（nominative）
對	對格（受格、業格）（accusative）
呼	呼格（vocative）
具	具格（instrumental）
爲	爲格（dative）
從	從格（ablative）
屬	屬格（genitive）
位	位格（locative）
一	第一人稱（first person）
二	第二人稱（second person）

三	第三人稱（third person）
副	副詞（adverb）
疑副	疑問副詞（interrogative adverb）
連	連接詞（conjunction）
感	感歎詞（interjection）
品	小品詞（particle）
形	形容詞（adjective）
基數	基數詞（cardinal）
序數	序數詞（ordinal）
人代	人稱代名詞（personal pronoun）
關代	關係代名詞（relative pronoun）
指代	指示代名詞（demonstrative pronoun）
疑代	疑問代名詞（interrogative pronoun）
代形	代名詞的形容詞（pronominal）
不定代	不定代名詞（indefinite pronoun）
反身代	反身代名詞（reflexive pronoun）
不變化	不變化詞（indeclinable）
過被分	過去被動分詞（past passive participle）
現主分	現在主動分詞（present active participle）
現反分	現在反射分詞（present middle participle）
現被分	現在被動分詞（present passive participle）
	【*如此類推：未反分=未來反射分詞（future middle participle）】
現在	現在時態（present）
過去	過去時態（past）

未來	未來時態（future）
完成	完成時態（perfect）
複合完成	複合完成時態（periphrastic perfect）
不定過去	不定過去時態（aorist）
不定	不定詞（infinitive）
動名	動名詞（gerund）
為他	主動/為他語態（active, Parasmaipadam）
為自	反射/為自語態（middle, Ātmanepadam）
被動	被動法（passive）
使役	使役法（causative）
直陳	直陳/直說語氣（indicative）
未完成過去	未完成過去語氣（imperfect）
願望	願望語氣（optative）
命令	命令語氣（imperative）
指令	指令法（injunctive）
數字 I 至 X	分別代表第 1 至 10 類動詞
cf.	參考
BHS Dict.	Franklin Edgerton, *Buddhist Hybrid Sanskrit Dictionary*
BHS Gram.	Franklin Edgerton, *Buddhist Hybrid Sanskrit Grammar*

一、佛所行讚

Buddhacarita

一、佛所行讚

Buddhacarita

解 題

《佛所行讚》，梵文作 Buddhacarita，爲西元二世紀初出身於中印度舍衛國婆枳多的著名佛教文學家、音樂家馬鳴（Aśvaghoṣa）菩薩所撰。馬鳴寫過不少詩篇和劇本，代表作是《佛所行讚》、《孫陀羅難陀詩》和《舍利弗傳》（劇本）。

《佛所行讚》是以梵語寫成的宮廷敘事詩，記述釋迦牟尼的一生，文辭優美，敘事細膩，因其「意明字少，而攝義能多，復令讀者心悅忘倦，又復纂持聖教，能生福利」（《南海寄歸內法傳》卷四），在五印度及南海諸國，傳誦一時，是少數能躋身梵語文學主流的佛教作品。現存梵本由十七章構成，始自佛陀誕生，終於歸國。可是據七世紀遊學印度的義淨所述，此梵本「若譯有十餘卷，意述如來始自王宮，終乎雙樹，一代佛法並緝爲詩。」可知本書原先所載，是以佛涅槃告終，較今所見者猶多。十七章中，僅有十三章實爲馬鳴所撰，後四章則混雜了後世思想，文筆亦較拙劣，係後人託名補作。

《佛所行讚》有漢文本和藏文本流傳。漢譯本包括《中本起經》（東漢曇果共康孟詳譯）、《佛所行讚》（北涼曇無讖譯），和《佛說十二遊經》（東晉迦留陀伽譯）。近年有日本學者金倉圓照考訂出，曇無讖版本的真正譯者，實爲寶雲。此書收於《大正藏》第四冊，共五卷二十八品，始自佛陀誕生，直至娑羅雙樹間入涅槃及八分舍利。與現存梵本比對，可見漢譯本頗有增刪，故非忠實之譯作。漢語新譯方面，則有巫白慧的《新譯佛所行讚》。

西藏譯本亦爲二十八品，係七、八世紀之薩溫贊孛、洛得卡兒孛所共譯。此譯本乃梵本之逐字翻譯，故於校訂梵本之脫落遺漏時，此譯本頗有借鑒之功，故甚受學界重視。

在上述諸本之外，吐魯番一帶也發現了《佛所行讚》的回鶻文譯本殘片，今分別庋藏於聖彼得堡東方學研究所和柏林德國國家圖書館。但由於殘破過甚，加上絕大多數描述的，都是佛陀於菩提樹下靜默禪定時降魔得道的故事，故很難斷定回鶻文譯本依據的是哪個本子。

本書尚有法、英、德、日等譯本。法譯本係由 Sylvain Lévi 譯出（*Le Buddhacarita d'Aśvaghoṣa*，1892）；英譯本有 E. B. Cowell 據梵本譯出的 *The Buddhacarita of Aśvaghosa*（1893），和 E.H. Johnston 的 *Aśvaghosa's Buddhacarita or Acts of the Buddha*（1935、1936）。另外，S. Beal 據漢本譯出 *The Fo-Sho-Hing-Tsan-King*（1883）。德譯本方面，有 Richard Schmidt 譯出的 *Buddhas Leben*（*Buddha Caritam*）（1923），以及 F. Weller 據藏譯本譯出的 *Das Leben des Buddha*（1926、1928）。日本學者寺本婉雅，亦據藏譯本譯出《西藏傳譯佛所行讚》（1924）。

本課的梵文文本，節錄自 E.H. Johnston 的 *Aśvaghosa's Buddhacarita or Acts of the Buddha*：Part I Sanskrit Text，Canto

III. 1-11，25-38，讀者可與曇無讖譯本的第三品〈厭患品〉，互相對照。

選 文

1. tataḥ kadācin mṛduśādvalāni
pumskokilonnāditapādapāni |
śuśrāva padmākaramaṇḍitāni
gītair nibaddhāni sa kānanāni ||

2. śrutvā tataḥ strījanavallabhānāṃ
manojñabhāvaṃ purakānanānām |
bahiḥprayāṇāya cakāra buddhim
antargṛhe nāga ivāvaruddhaḥ ||

3. tato nṛpas tasya niśamya bhāvaṃ
putrābhidhānasya manorathasya |
snehasya lakṣmyā vayasaś ca yogyām
ājñāpayām āsa vihārayātrām ||

4. nivartayām āsa ca rājamārge
saṃpātam ārtasya pṛthagjanasya |
mā bhūt kumāraḥ sukumāracittaḥ
saṃvignacetā iti manyamānaḥ ||

5. pratyaṅgahīnān vikalendriyāṃś ca
jīrṇāturādīn kṛpaṇāṃś ca dikṣu |
tataḥ samutsārya pareṇa sāmnā
śobhāṃ parāṃ rājapathasya cakruḥ ||

6. tataḥ kṛte śrīmati rājamārge
śrīmān vinītānucaraḥ kumāraḥ |
prāsādapṛṣṭhād avatīrya kāle
kṛtābhyanujño nṛpam abhyagacchat ||

7. atho narendraḥ sutam āgatāśruḥ
śirasy upāghrāya ciraṃ nirīkṣya |
gaccheti cājñāpayati sma vācā
snehān na cainaṃ manasā mumoca ||

8. tataḥ sa jāmbūnadabhāṇḍabhṛdbhir
yuktaṃ caturbhir nibhṛtais turaṅgaiḥ |
aklībavidvacchuciraśmidhāraṃ
hiraṇmayaṃ syandanam āruroha ||

9. tataḥ prakīrṇojjvalapuṣpajālaṃ
viṣaktamālyaṃ pracalatpatākam |
mārgaṃ prapede sadṛśānuyātraś
candraḥ sanakṣatra ivāntarīkṣam ||

10. kautūhalāt sphītataraiś ca netrair
nīlotpalārdhair iva kīryamāṇam |
śanaiḥ-śanai rājapatham jagāhe
pauraiḥ samantād abhivīkṣyamāṇaḥ ‖

11. taṃ tuṣṭuvuḥ saumyaguṇena kecid
vavandire dīptatayā tathānye |
saumukhyatas tu śriyam asya kecid
vaipulyam āśaṃsiṣur āyuṣaś ca ‖

（中略）

25. kīrṇaṃ tathā rājapathaṃ kumāraḥ
paurair vinītaiḥ śucidhīraveṣaiḥ |
tatpūrvam ālokya jaharṣa kiṃcit
mene punarbhāvam ivātmanaś ca ‖

26. puraṃ tu tat svargam iva prahṛṣṭaṃ
śuddhādhivāsāḥ samavekṣya devāḥ |
jīrṇaṃ naraṃ nirmamire prayātuṃ
saṃcodanārthaṃ kṣitipātmajasya ‖

27. tataḥ kumāro jarayābhibhūtaṃ
dṛṣṭvā narebhyaḥ pṛthagākṛtiṃ tam |
uvāca saṃgrāhakam āgatāsthas
tatraiva niṣkamapaniviṣṭadṛṣṭiḥ ‖

28. ka eṣa bhoḥ sūta naro 'bhyupetaḥ
keśaiḥ sitair yaṣṭiviṣaktahastaḥ |
bhrūsaṃbhṛtākṣaḥ śithilānatāṅgaḥ
kiṃ vikriyaiṣā prakṛtir yadṛcchā ||

29. ity evam uktaḥ sa rathapraṇetā
nivedayām āsa nṛpātmajāya |
saṃrakṣyam apy artham adoṣadarśī
tair eva devaiḥ kṛtabuddhimohaḥ ||

30. rūpasya hantrī vyasanaṃ balasya
śokasya yonir nidhanaṃ ratīnām |
nāśaḥ smṛtīnāṃ ripur indriyāṇām
eṣā jarā nāma yayaiṣa bhagnaḥ ||

31. pītaṃ hy anenāpi payaḥ śiśutve
kālena bhūyaḥ parisṛptam urvyām |
krameṇa bhūtvā ca yuvā vapuṣmān
krameṇa tenaiva jarām upetaḥ ||

32. ity evam ukte calitaḥ sa kiṃcid
rājātmajaḥ sūtam idaṃ babhāṣe |
kim eṣa doṣo bhavitā mamāpīty
asmai tataḥ sārathir abhyuvāca ||

33. āyuṣmato 'py eṣa vayaḥprakarṣo
nihsaṃśayaṃ kālavaśena bhāvī |
evaṃ jarāṃ rūpavināśayitrīṃ
jānāti caivecchati caiva lokaḥ ||

34. tataḥ sa pūrvāśayaśuddhabuddhir
vistīrṇakalpācitapuṇyakarmā |
śrutvā jarāṃ saṃvivije mahātmā
mahāśaner ghoṣam ivāntike gauḥ ||

35. niḥśvasya dīrghaṃ svaśiraḥ prakampya
tasmiṃś ca jīrṇe viniveśya cakṣuḥ |
tāṃ caiva dṛṣṭvā janatāṃ saharṣāṃ
vākyaṃ sa saṃvigna idaṃ jagāda ||

36. evaṃ jarā hanti ca nirviśeṣaṃ
smṛtiṃ ca rūpaṃ ca parākramaṃ ca |
na caiva saṃvegam upaiti lokaḥ
pratyakṣato 'pīdṛśam īkṣamāṇaḥ ||

37. evaṃ gate sūta nivartayāśvān
śīghraṃ gṛhāṇy eva bhavān prayātu |
udyānabhūmau hi kuto ratir me
jarābhaye cetasi vartamāne ||

38. athājñayā bhartṛsutasya tasya
nivartayām āsa ratham niyantā |
tataḥ kumāro bhavanam tad eva
cintāvaśaḥ śūnyam iva prapede ||

釋 義

1. tataḥ kadācin mṛduśādvalāni
   puṃskokilonnāditapādapāni |
   śuśrāva padmākaramaṇḍitāni
   gītair nibaddhāni sa kānanāni ‖

語句解釋：

tataḥ：tatas，副，“於是”（於行文中起承上啓下的作用）。-as 後接 k，變成 aḥ。kadācin：kadācid，不定代，“有一次”（末尾的 d 先變爲絕對語尾 t，受後面的 m 影響，再轉爲 n）。mṛduśādvalāni：mṛdu-śādvala，“柔軟的草地”，中複對。puṃskokilonnāditapādapāni：puṃskokila-unnādita-pādapa，“迴盪著杜鵑鳴啾的樹木”，男複對。» puṃskokila：“杜鵑”，男。unnādita：ud-nad- I.，“鳴響”，使役過被分。pādapa：“樹木”，男。śuśrāva：śru- V.，“聽”，完成，單三，爲他。padmākaramaṇḍitāni：padmākara-maṇḍitāni，“以荷塘裝飾的”。» padmākara：“蓮池，荷塘”，男。maṇḍita：maṇḍ- X.，“裝飾”，過被分，中複對。gītair：gīta，“歌曲”，中複具（gītais；末尾的 s 後接有聲輔音，變 r）。nibaddhāni：ni-baddha，bandh- IX.，“歌頌”，過被分，中複對。sa：tad，指代，“他（王子）”，男單主（sas；在輔音前變 sa）。kānanāni：kānana，“叢林，森林”，中複對。

文句語譯：

有一次，他（王子）聽見（有些）歌曲所唱頌的森林（其情景是這樣的）：（那裡有）披上軟綿綿的草地，迴盪著杜鵑的鳴叫的樹林，而且有荷塘來做裝飾。

2. śrutvā tataḥ strījanavallabhānāṃ
manojñabhāvaṃ purakānanānām |
bahiḥprayāṇāya cakāra buddhim
antargṛhe nāga ivāvaruddhaḥ ‖

語句解釋：

śrutvā：śru-V.，動名，“聽到”。strījanavallabhānāṃ：strījana-vallabha，“受婦女們喜愛的”。» strī-jana：“婦女們”，男。vallabha：形，“喜愛的，受歡迎的”，中複屬（strījana-vallabhānām）。manojñabhāvaṃ：manojñabhāva，“引人入勝的狀況”，男單對（manojñabhāvam）。» manas-jña：形，“吸引人的”。bhāva：“心情，狀態，狀況”，男。purakānanānām：pura-kānana，“都市叢林”，中複屬。» pura：“都市”，中。bahiḥprayāṇāya：bahis-prayāṇāya，“外遊，出遊”。»bahis：副，“外出”（末尾的 s 接後面的 p，變 ḥ）。prayāṇāya：prayāṇa，“旅行，出發”，中單爲。cakāra buddhim：“做了決定”。» cakāra：kṛ- VIII.，“做，造，成爲”，完成，單三，爲他。buddhim：buddhi，“智慧，理性”，女單對。antargṛhe：antargṛha，“內室”，中單位。nāga：“象”，男單主（nāgas；末尾的

-as 後接元音 i，失去 s）。iva：連，“如同，恰恰”。avaruddhaḥ：ava-ruddha，ava-rudh- VII.，“困住，關閉”，過被分，男單主（ava-ruddhas）。

文句語譯：

當他聽見婦女們所喜愛的、（那些）都市叢林裡引人入勝的景況後，就如同被困在室內（很久）的大象一樣，下定決心，要出外遊覽。

3. tato nṛpas tasya niśamya bhāvaṃ
putrābhidhānasya manorathasya |
snehasya lakṣmyā vayasaś ca yogyām
ājñāpayām āsa vihārayātrām ||

語句解釋：

tato：tatas，副，“是故，然後”。nṛpas：nṛpa，“國王”，男單主。tasya：tad，指代，“他”，男單屬。niśamya：ni-śam- IV.，動名，“得悉，聽聞”。bhāvaṃ：bhāva，“心情，感受”，男單對（bhāvam）。putrābhidhānasya：putra-abhidhāna，“兒子所表現的”。» putra：“兒子”，男。abhidhāna：“名稱，告知，展現”，中單屬。manorathasya：manoratha，“願望，希望，欲求”，男單屬。» manas-ratha。snehasya：sneha，“愛，慈愛，感情”，男單屬。lakṣmyā：lakṣmī，“威儀”，女單屬（lakṣmyās；末尾的 ās 在有聲輔音前，失去 s）。vayasaś：vayas，“年紀”，中單屬（vayasas；末尾的 s 後

接硬腭輔音 c，變 ś）。**ca**：連，"以及"。**yogyām**：yogya，形，"相稱的，適合的"，女單對。**ājñāpayām āsa**：ā-jñā- IX.，"命令，下令"，複合完成，單三，爲他（*使役：ā-jñāpayati；"命令"）。**vihārayātrām**：vihārayātrā，"愉快的旅行"。» vihāra-yātrā。vihāra："享樂，享受，消遣"，男。yātrā："旅行，遠足"，女單對。

文句語譯：

國王由此了解到，兒子所流露的渴望（外遊的）心情。（因此，）他下令（準備）一個能配合（自己對兒子的）慈愛、（兒子的）端莊儀表，以及（兒子的）年紀的愉快旅程。

4. nivartayām āsa ca rājamārge
   saṃpātam ārtasya pṛthagjanasya |
   mā bhūt kumāraḥ sukumāracittaḥ
   saṃvignacetā iti manyamānaḥ ||

語句解釋：

nivartayām āsa： ni-vṛt- I.，"他禁止"，複合完成，單三，爲他。（*使役：ni-vartayati；"折回，回去，中止，禁止"）。**rājamārge**：rājamārga，"都城大道"，男單位。**saṃpātam**：saṃpāta，"出現，相遇"，男單對。**ārtasya**：ārta，形，"受苦的"，男單屬。**pṛthagjanasya**：pṛthagjana，"庶民"，男單屬。**mā bhūt**："不要發生，不要變成"，不定過去，指令，單三，爲他。» bhūt：abhūt，bhū- I.，"存在，成爲"，

語根不定過去，單三，爲他（*於不定過去指令法中，省去動詞前的增加音 a）。kumāraḥ：kumāra，“王子，男子”，男單主。sukumāracittaḥ：sukumāracitta，形，“具有纖細的、柔軟的心的”，男單主（sukumāracittas）。» sukumāra：形，“纖細的、柔軟的”。citta：“心，思想，精神”，中。saṃvignacetā：“有厭離的心”，男單主（saṃvignacetās）。» saṃ-vigna：sam-vij- VI.，“惶恐，不安”，過被分。cetas：“心，理性”，中。iti：副，“如是，這樣”；與各種引語連用，起引號的作用。manyamānaḥ：manyamāna，man- IV.，“思考，想”，現反分/現被分，男單主（manyamānas）。

文句語譯：

他（國王）禁止苦難的庶民在王都大道出現，一心想著：「別讓心靈纖細温柔的王子生起惶惑之感。」

5. pratyaṅgahīnān vikalendriyāṃś ca
jīrṇāturādīn kṛpaṇāṃś ca dikṣu |
tataḥ samutsārya pareṇa sāmnā
śobhāṃ parāṃ rājapathasya cakruḥ ||

語句解釋：

pratyaṅgahīnān：pratyaṅga-hīnān，“肢體殘缺不全的”。» pratyaṅga-hīna。pratyaṅga：“身體的部分”，中。hīna：hā- III.，“欠缺”，過被分，男複對。vikalendriyāṃś：vikala-indriyāṃś，形，“感官有缺陷的”，男複對

（vikala-indriyān；末尾的 n 後接 c，變 ṃś）。» vikala：形，“有缺陷的，不完全的”。indriya：“感官，感覺，器官”，中。jīrṇāturādīn：jīrṇa-ātura-ādīn，“老病者”。» jīrṇa：jṝ- IV.，“老朽、脆弱”，過被分。ātura：形，“生病”。ādīn：ādi，用於複合詞末，表示“以...爲首，...等”，男複對。kṛpaṇāṃś：kṛpaṇa，形，“可憐的”，男複對（kṛpaṇān；末尾的 n 後接 c，變 ṃś）。dikṣu：diś，“方位，點”，女複位。samutsārya：sam-ud-sṛ- I.，使役動名，“使搬走，使離開”。pareṇa：para，形，“最好的，極度的”，中單具。sāmnā：sāman，“親切，温和”，中單具。śobhāṃ：śobhā，“顯赫，壯觀”，女單對（śobhām）。parāṃ：para，形，“最好的，無比的”女單對（parām）。rājapathasya：rājapatha，“王都的大道”，男單屬。cakruḥ：kṛ- VIII.，“做，作”，完成，複三，爲他。

文句語譯：

人們將四方八面的身體殘障者、感官有缺陷者和老病等可憐人，以非常温和的手段遷走，令王都大道變得極度美侖美奐。

6. tataḥ kṛte śrīmati rājamārge
   śrīmān vinītānucaraḥ kumāraḥ |
   prāsādapṛṣṭhād avatīrya kāle
   kṛtābhyanujño nṛpam abhyagacchat ||

語句解釋：

kṛte：kṛta，kṛ- VIII.，"被造成"，過被分，男單位（絕對位格，表示完成體）。**śrīmati**：śrīmat，形，"吉祥，美麗，富威儀的"，男單位（絕對位格）。**rājamārge**：rājamārga，"王都大道"，男單位。**śrīmān**：śrīmat，形，"儀表不凡的"，男單主。**vinītānucaraḥ**：vinīta-anucaraḥ，"行爲良好的侍者"，男單主。» vinīta：形，"謙虛，行爲良好的"；anucaraḥ：anucara，"侍從"，男單主（anucaras）。**prāsādapṛṣṭhād**：prāsāda-pṛṣṭhād，"宮殿的陽台"。» prāsāda："宮殿"，男。pṛṣṭhād：pṛṣṭha，"屋頂，陽台"，中單從（pṛṣṭhāt；末尾的 t 後接元音，變 d）。**avatīrya**：ava-tṝ- I.，動名，"下來"。» tṝ- I.，"橫渡，越過"。**kāle**：kāla，"在適當時候"，男單位。**kṛtābhyanujño**：kṛta-abhyanujña，形，"獲得允許的"，男單主（kṛta-abhyanujñas）。» abhyanujñā："許可"，女；在複合詞末：-abhyanujña →kṛta-abhyanujña："獲得許可"，形。**nṛpam**：nṛpa，"王"，男單對。**abhyagacchat**：abhi-gam- I.，"接近，來"，現在，未完成過去，單三，爲他。

文句語譯：

當王都大道被整頓好，儀表不凡的王子，在獲得（國王的）許可後，（在）行爲端正的侍從（的伴隨下），便在適當時候，從宮廷的陽台步下來，來到國王（的面前）。

7. atho narendraḥ sutam āgatāśruḥ
śirasy upāghrāya ciraṃ nirīkṣya |
gaccheti cājñāpayati sma vācā
snehān na cainaṃ manasā mumoca ||

語句解釋：

atho：副，=atha。narendraḥ：narendra，“君主”，男單主（narendras）。sutam：suta，“兒子”，男單對。āgatāśruḥ：āgata-aśru，形，“淚水盈眶”，男單主（āgatāśruḥ）。śirasy：śiras，“頭”，中單位（śirasi；末尾的 i 後接異類元音，變 y）。upāghrāya：upa-ā-ghrā- I.，動名，“吻”。ciraṃ：ciram，副，“久久”。nirīkṣya：nis-īkṣ- I.，動名，“凝視”。gaccheti：gaccha-iti，“「你去吧，」這樣（說）”。» gaccha：gam- I.，“去”，命令，單二，爲他。cājñāpayati：ca-ājñāpayati，“他又命令”。» ā-jñā- IX.，“命令”，現在，直陳，單三，爲他，使役。sma：品，與現在時態動詞連用，表示過去時態。vācā：vāc，“言語，聲音”，女單具。snehān：sneha，“父母之愛，感情”，男單從（snehāt；末尾的 t 後接鼻輔音，變 n）。na cainaṃ：na ca-enaṃ。» na ca…：“雖然…仍不….；though…yet not…”。enaṃ：enad，指代，“他（王子）”，男單對（enam）。manasā：manas，“在心中”，中單具。mumoca：“釋放，放走”，muc- VI.，完成，單三，爲他。

文句語譯：

國王淚盈於眶，親吻兒子的頭部，又凝視他良久，雖然以言說命令：「你走吧」，但出於骨肉之情，在心底裡始終不想讓他離去。

8. tataḥ sa jāmbūnadabhāṇḍabhṛdbhir
yuktaṃ caturbhir nibhṛtais turaṅgaiḥ |
aklībavidvacchuciraśmidhāraṃ
hiraṇmayaṃ syandanam āruroha ‖

語句解釋：

jāmbūnadabhāṇḍabhṛdbhir ： jāmbūnada-bhāṇḍa-bhṛdbhir，“戴上黃金馬具”。» jāmbūnada-bhāṇḍa-bhṛt。jāmbūnada：“黃金”，中。bhāṇḍa：“容器，道具”，中。bhāṇḍa-bhṛt：形，“戴上馬具”，男複具（bhṛdbhis；末尾的 s 後接有聲輔音，變 r）。yuktaṃ：yukta，yuj- VII.，“結合，繫上”，過被分，男單對（yuktam）。caturbhir：catur，基數，“四”，男具（caturbhis）。nibhṛtais：nibhṛta，ni-bhṛ- I./III.，“受過訓練”，過被分，男複具。turaṅgaiḥ：turaṅga，“馬”，男複具（turaṅgais）。aklībavidvacchuciraśmidhāraṃ：aklība-vidvat-śuci-raśmidhāraṃ，“勇敢、有識見的、可靠的車伕”。» aklība：形，“有勇氣的”。vidvat：vidvas，vid- II.，完成爲他分詞，“有識見的”（於複合詞：vidvat；末尾的 t 後接 ś，變 cch）。śuci：形，“高潔，清淨，值得信賴的”。raśmidhāraṃ：raśmidhāra，“執韁繩者，駕駛者”，男單對（raśmidhāram）。hiraṇmayaṃ：hiraṇmaya，形，“黃金的”，男單對（hiraṇmayam）。syandanam：syandana，“車，戰車”，

男單對。āruroha：ā-ruh- I.，“登上（車）”，完成，爲他，單三。

文句語譯：

然後，他（王子）登上了戴著黃金馬具，被馴養過的駟馬（拉動的），（而且）由有勇氣、有識見、正直可靠的車伕（所駕馭）的黃金戰車。

9. tataḥ prakīrṇojjvalapuṣpajālaṃ
   viṣaktamālyaṃ pracalatpatākam |
   mārgaṃ prapede sadṛśānuyātraś
   candraḥ sanakṣatra ivāntarīkṣam ||

語句解釋：

prakīrṇojjvalapuṣajālaṃ：prakīrṇa-ujjvala-puṣpajālaṃ，“滿佈耀目的繁花”。» prakīrṇa：pra-kṝ- VI.，“滿佈”，過被分。ujjvala：形，“閃耀”。puṣpajāla：“繁花”，男單對（puṣpajālam）。viṣaktamālyaṃ：viṣakta-mālya，形，“懸垂著花環”，男單對（viṣakta-mālyam）。» viṣakta：vi-sañj- I.，“懸垂，縛著”，過被分。mālya：“花環”，中。pracalatpatākam：pracalat-patākam，形，“搖晃的旗幟”，男單對。» pracalat：pra-cal- I.，“搖晃”，現主分。patākā：“旗幟”，女。mārgaṃ：mārga，“道路”，男單對（mārgam）。prapede：pra-pad- IV.，“進入，到達”，完成，單三，爲自。sadṛśānuyātraś：sadṛśa-anuyātra，形，“伴隨著合適的

扈從”，男單主（sadṛśānuyātras；末尾的 s 後接硬腭輔音 c，變 ś）。» sadṛśa：形，“合適的，不二之選”。anuyātra：“侍從”，中/女。candraḥ：candra，月亮，男單主（candras）。sanakṣatra：形，“繁星相伴”，男單主（sanakṣatras；末尾的 as 後接 a 以外的元音，省去 s）。» sa-nakṣatra：nakṣatra，“星宿”，中。ivāntarīkṣam：iva-antarīkṣam，“如在天上”。» iva：連，“好像”。antarīkṣa：“天空，空間”，中單對。

文句語譯：

於是，（王子）在適當的侍從（的陪同下），進入了佈滿似錦繁花、懸垂著花環，和旗幟飄揚的大道，（他）就像在天上被眾星拱照的月亮一樣。

10. kautūhalāt sphītataraiś ca netrair
nīlotpalārdhair iva kīryamāṇam |
śanaiḥ-śanai rājapathaṃ jagāhe
pauraiḥ samantād abhivīkṣyamāṇaḥ ‖

語句解釋：

kautūhalāt：kautūhala，“好奇心，興趣”，中單從。sphītataraiś：sphītatara；sphīta，形，“睜開，盛放，繁榮”的比較級（*於此僅強調“張得很大”，沒有比較之意），中複具（sphītataras；末尾的 s 後接硬腭輔音 c，變 ś）。netrair：netra，“眼”，中複具（netrais）。nīlotpalārdhair：nīla-utpala-ardhair，“青蓮半開”。» nīla：形，“青色”。utpala：“蓮

花”，中。ardha：男，“一半”，中複具（adhais；於此作形容詞使用，以呼應中性名詞 netrais）。kīryamāṇam：kīryamāṇa，kṝ- VI.，“散布”，現被分，男單對。śanaiḥ-śanai：śanais śanais，副“非常緩慢地”。» 連聲規則：śanais-śanais → śanaiḥ（後接 ś，故 s 變爲 ḥ）-śanair（後接有聲輔音，故 s 變爲 r）→śanaiḥ-śanai（在-śanair 中，最後的 r 後接以 r 爲首的詞語 rājapatham，故位於前者的 r 略去；而在其前的元音爲 ai，故不需延長，最終變成-śanai。）rājapatham：rājapatha，“王都的大道”，男單對（rājapatham）。jagāhe：gāh- I.，“進入”，完成，單三，爲自。pauraiḥ：paura，“市民”，男複具（paurais）。samantād：samantāt，副，“周圍”（末尾的 t 後接元音，變 d）。abhivīkṣyamāṇaḥ：abhi-vi-īkṣyamāṇa，abhi-vi-īkṣ- I.，“被注視著”，現被分，男單主（abhivīkṣyamāṇas）。

文句語譯：

然後，他緩緩進入了王都大道，被四周的市民瞪目而視，彷彿沐浴在出於好奇而怒目半開的青蓮一樣。

11. taṃ tuṣṭuvuḥ saumyaguṇena kecid
vavandire dīptatayā tathānye |
saumukhyatas tu śriyam asya kecid
vaipulyam āśaṃsiṣur āyuṣaś ca ||

語句解釋：

taṃ：tad，指代，“他”，男單對（tam）。**tuṣṭuvuḥ**：stu- II.，“稱讚”，完成，複三，爲他。**saumyaguṇena**：saumyaguṇa，“優雅的美德”，男單具。**kecid**：不定代，“一些”，男複主。**vavandire**：vand- I.，“稱讚”，完成，複三，爲自。**dīptatayā**：dīptatā，“光芒”，女單具。**tathānye**：tathā-anye，“同樣地，其他的”。» tathā：副，“同樣地”。anye：anya，代形，“其他”，男複主。**saumukhyatas**：saumukhya-tas，“愉悅”，中單從。» saumukhya：“愉悅，溫良”，中。**tu**：品，“不過”。**śriyam**：śrī，“好運，吉祥”，女單對。**asya**：idam，指代，“這”，男單屬。**kecid**：不定代，“一些”，男複主。**vaipulyam**：vaipulya，“（壽命）廣大”，中單對。**āśaṃsiṣur**：ā-śaṃs- I.，“期待，渴望”，不定過去，複三，爲他。**āyuṣaś**：āyuṣ，“壽命，長壽”，中單屬（āyuṣas；末尾的 s 後接硬腭輔音 c，變 ś）。

文句語譯：

有些人因（其）優雅的美德而稱嘆他，同樣地，另一些人則因（其）光芒讚美（他）。然而，有些人因爲（其）祥和溫良，而祝願他的安康和長壽。

（12-24 偈：中略）

25. kīrṇaṃ tathā rājapathaṃ kumāraḥ
    paurair vinītaiḥ śucidhīraveṣaiḥ |

tatpūrvam ālokya jaharṣa kiṃcit
mene punarbhāvam ivātmanaś ca ‖

語句解釋：

kīrṇam：kīrṇa，kṝ- VI.，“佈滿”，過被分，男單對（kīrṇam）。vinītaiḥ：vinīta，形，“端正，謙卑”，男複具（vinītais）。śucidhīraveṣaiḥ：śuci-dhīra-veṣaiḥ，“光潔莊重的裝束”。» śuci：形，“光潔”。dhīra：形，“堅定”。veṣaiḥ：veṣa，“衣服”，男複具（veṣais）。tatpūrvam：tat pūrvam，“初次，before that”。» pūrvam：副，“之前，以前”。ālokya：ā-lok- I.，動名，“眺望到”。jaharṣa：hṛṣ- IV.，“歡喜”，完成，單三，爲他。kiṃcit：不定代，“某種，一些”。mene：man- IV.，“思考，想”，完成，單三，爲自。punarbhāvam：punarbhāva，“再生”，男單對。ivātmanaś ca：iva-ātmanas ca，“並仿似在自己身上”。» iva：連，“好像，as if”。ātmanas：ātman，“自我”，男單屬。

文句語譯：

王子第一次看到，王都大道被穿著光鮮裝束、端正莊重的市民，擠得這樣水洩不通；他很歡喜，並好像體驗到某種自我的重生。

26. puraṃ tu tat svargam iva prahṛṣṭaṃ
śuddhādhivāsāḥ samavekṣya devāḥ |
jīrṇaṃ naraṃ nirmamire prayātuṃ

saṃcodanārthaṃ kṣitipātmajasya ‖

語句解釋：

puraṃ：pura，“都市”，中單對（puram）。**tat**：tad，指代，“那個”，中單對。**svargam iva**：“如天界般”。» svarga：“天界”，男單對。**prahṛṣṭaṃ**：prahṛṣṭa，pra-hṛṣ- IV.，“充滿歡樂”，過被分，中單對（prahṛṣṭam）。**śuddhādhivāsāḥ**：śuddhādhivāsa，“淨居天”，男複主（śuddhādhivāsās）。» śuddha：形，“純淨”。adhivāsa：“居處”，男。**samavekṣya**：sam-ava-īkṣya，sam-ava-īkṣ- I.，動名，“遙望”。**devāḥ**：deva，“神”，男複主（devās）。**jīrṇaṃ**：jīrṇa，jṝ- IV.，“衰老”，過被分，男單對（jīrṇam）。**naraṃ**：nara，“人”，男單對（naram）。**nirmamire**：nis-mā- II./III.，“創造”，完成，複三，爲自。**prayātuṃ**：pra-yā- II.，不定，“出家，出發”，（prayātum）。**saṃcodanārthaṃ**：saṃcodana-artham，“爲了激勵”。» saṃcodana：“催促”，男。-artham：“爲了...”。**kṣitipātmajasya**：kṣitipātmaja，“王子”，男單屬（目的屬格，表示：“爲了王子的緣故”）。» kṣitipa-ātmaja；kṣitipa：“大地的保護者=王”，男。ātmaja：“兒子”，男。

文句語譯：

但是，淨居天的諸神遙遙望見那個像天界一樣充滿歡樂的城市，爲了催促王子出家，便幻化出一個老人來。

27. tataḥ kumāro jarayābhibhūtaṃ
dṛṣṭvā narebhyaḥ pṛthagākṛtiṃ tam |
uvāca saṃgrāhakam āgatāsthas
tatraiva niṣkampaniviṣṭadṛṣṭiḥ ||

語句解釋：

jarayābhibhūtaṃ：jarayā-abhibhūta，“被老邁摧殘” » jarayā：jarā，“老邁”，女單具。abhibhūta：abhi-bhūta，“被征服，被壓迫”，男單對（abhibhūtam）。dṛṣṭvā：dṛś- I. 動名，“看” narebhyaḥ：nara，“人”，男複從（narebhyas）。pṛthagākṛtiṃ：pṛthagākṛti，形，“與…不同的外形”，男單對（pṛthagākṛtim）。 » pṛthak-ākṛti。pṛthak：副，“不同於”（末尾的 k 後接元音，變 g）。ākṛti：“外貌”，女。tam：tad，指代，“那”，男單對。uvāca：vac- II.，“說話”，完成，單三，爲他。saṃgrāhakam：saṃgrāhaka，“車伕”，男單對。āgatāsthas：āgatāsthā，形，“對…關心”，男單主。» āgata：形，“出現，生起”。āsthā：“關心，感興趣”，女。tatraiva：tatra-eva，副，“只在那裡”。niṣkampaniviṣṭadṛṣṭiḥ：niṣkampa-niviṣṭa- dṛṣṭiḥ，“凝固不動的視線” » niṣkampa：形，“不動”。niviṣṭa：ni-viś-VI.，“固定”，過被分。dṛṣṭiḥ：dṛṣṭi，“視線”，女單主（dṛṣṭis）。

文句語譯：

當王子看到那個因爲受年老摧殘，外貌與眾不同（的人），頓覺十分好奇，視線只集中在那邊（那老人身上），他對車伕說：

28. ka eṣa bhoḥ sūta naro 'bhyupetaḥ
keśaiḥ sitair yaṣṭiviṣaktahastaḥ |
bhrūsaṃbhṛtākṣaḥ śithilānatāṅgaḥ
kiṃ vikriyaiṣā prakṛtir yadṛcchā ||

語句解釋：

ka：kim，疑代，“誰”，男單主（kas）。eṣa：etad，指代，“這”，男單主（eṣas；在輔音前刪去末尾的 s）。bhoḥ：感歎，“噢，喂”（在無聲音前保留 ḥ）。sūta：sūta，“車伕”，男單呼。naro 'bhyupetaḥ：naras-abhyupetaḥ。» naras：nara，“人”，男單主。abhyupetaḥ：abhi-upa-ita，abhi-upa-i- II.，“走近”，過被分，男單主（abhyupetas）。keśaiḥ：keśa，“頭髮”，男複具（keśais；以具格表示特徵）。sitair：sita，形，“白色”，男複具（sitais；以具格表示特徵）。yaṣṭiviṣaktahastaḥ：yaṣṭi-viṣakta-hastaḥ，形，“手拄著枴杖”。» yaṣṭi：“枴杖”，中/女。viṣakta：vi-sañj- I.，“懸著”，過被分。hastaḥ：hasta，“手”，男單主（hastas）。bhrūsaṃbhṛtākṣaḥ：bhrū-saṃbhṛta-akṣaḥ，形，“眉毛遮蓋著眼睛”，男單主（bhrū-saṃbhṛta-akṣas）。» bhrū：“眉毛”，女。saṃbhṛta：“遮蓋”，sam-bhṛ- I.，過被分。akṣa：akṣi，“眼睛”，中（複合詞末：akṣa）。śithilānatāṅgaḥ：śithila-ānata-aṅga，形，“鬆弛而佝僂的肢體”，男單主（śithilānatāṅgas）。» śithila：“鬆弛”，形。ānata：ā-nam- I.，“彎曲”，過被分。aṅga：“肢體，部分”，中。kiṃ：

kim，疑代，在句首表示關於“是不是”的詢問。vikriyaiṣā：vikriyā-eṣā，“這變化”。» vikriyā：“變化”，女。eṣā：etad，指代，“這”，女單主。prakṛtir：prakṛti，“本來，自然的狀態”，女單主（prakṛtis）。yadṛcchā：yadṛcchā，“偶然”，女單主。

文句語譯：

噢，御者啊，這個一頭花髮，走過來的人是誰呢？手裡拄著楞杖，眉毛遮蓋著眼睛，鬆弛又佝僂的軀體，這是什麼變化嗎？是本來如此？還是偶然的呢？

29. ity evam uktaḥ sa rathapraṇetā
nivedayām āsa nṛpātmajāya |
saṃrakṣyam apy artham adoṣadarśī
tair eva devaiḥ kṛtabuddhimohaḥ ||

語句解釋：

ity evam uktaḥ：iti-evam uktaḥ，“被這樣一說”。» uktaḥ：ukta，vac- II.，“說”，過被分，男單主（uktas）。sa rathapraṇetā：tad rathapraṇetṛ，“那個車伕”，男單主（sas rathapraṇetā）。nivedayām āsa：ni-vid- II.，“告知”，使役法複合完成，單三，爲他（*使役：ni-vedayati）。nṛpātmajāya：nṛpātmaja，“王子”，男單爲。saṃrakṣyam apy artham：saṃrakṣyam api-artham，“即使是要保密的事情”。» saṃrakṣyam：saṃrakṣya，sam-rakṣ- I.，“應該被保密的”，未被分，男單

對。api：副，“即使”（i 後接異類元音，變 y）。artham：artha，“事情”，男單對。adoṣadarśī：adoṣadarśin，形，“察覺不到有過失”，男單主。tair：tad，指代，“那些”，男複具（tais）。devaiḥ：deva，“天神”，男複具（devais）。kṛtabuddhimohaḥ：kṛta-buddhi-moha，形，“理智被蒙蔽”，男單主（kṛtabuddhimohas）。

文句語譯：

車伕被這樣一說，諸神便將他的理智蒙蔽，令他意識不到犯了錯，連應該秘而不宣的事情，都向王子和盤托出了：

30. rūpasya hantrī vyasanaṃ balasya
śokasya yonir nidhanaṃ ratīnām |
nāśaḥ smṛtīnāṃ ripur indriyāṇām
eṣā jarā nāma yayaiṣa bhagnaḥ ||

語句解釋：

rūpasya：rūpa，“形體，美麗”，中單屬。hantrī：hantrī，“殺手，破壞者”，女單主。vyasanaṃ：vyasana，“壞滅”，中單主。balasya：bala，“體力”，男，中單屬。śokasya：śoka，“悲哀”，男單屬。yonir：yoni，“起源，根本”，男單主（yonis；末尾的 s 後接有聲音，變 r）。nidhanaṃ：nidhana，“終結，死亡”，中單主（nidhanam）。ratīnām：rati，“快樂”，女複屬。nāśaḥ：nāśa，“消失”，男單主（nāśas）。smṛtīnāṃ：smṛti，“記憶”，女複屬（smṛtīnām）。

ripur：ripu，“敵人”，男單主（ripus）。indriyāṇām：indriya，“感官，感覺”，中複屬。eṣā：etad，指代，“這”，女單主。jarā：“年老”，女單主。nāma：副，“稱爲…”。yayaiṣa bhagnaḥ：yayā-eṣa bhagnaḥ，“因其而受到摧殘”。» yayā：yad，關代，“因其”，女單具。eṣa：etad，指代，“他”，男單主（eṣas）。bhagnaḥ：bhagna，bhañj- VII.，“摧殘，破壞”，過被分，男單主（bhagnas）。

文句語譯：

美麗的破壞者，體力的壞滅，悲哀的根源，快樂的終結，記憶的消失，感官的宿敵 — 這個稱爲“年老”（的東西），他（那個老人）就是因此（年老）而受到摧殘的。

31. pītaṃ hy anenāpi payaḥ śiśutve
    kālena* bhūyaḥ parisṛptam urvyām |
    krameṇa bhūtvā ca yuvā vapuṣmān
    krameṇa tenaiva jarām upetaḥ ||

語句解釋：

pītaṃ：pīta，pā- I.，過被分，“吸吮”，中單主（pītam）。hy anenāpi：hi-anena-api，“因爲，他也”。» hi：連，“因爲”。anena：idam，指代，“這”，男單具（指動作者“他”）。payaḥ：payas，“乳汁”，中單主（payas）。śiśutve：śiśutva，“幼時”，中單位。kālena：kāla，“過些時間”，男單具。（* Johnson 質疑 kālena 應爲 bālena，因爲 kālena bhūyaḥ 在

意義上重複冗贅，見氏著書頁 38，註 31）。bhūyaḥ：bhūyas，副，“再次，又，更”。parisṛptam：pari-sṛpta，sṛp- I.，“來回爬行”，過被分，男單對。urvyām：urvī，“地”，女單位。krameṇa：副，“漸漸地”。bhūtvā：bhū- I.，動名，“變得”。yuvā：yuvan，“年輕人”，男單主。vapuṣmān：vapuṣmat，形，“俊美”，男單主。tenaiva：tena-eva，“正因爲那個”。jarām：jarā，“年老”，女單對。upetaḥ：upeta，upa-i- II.，“具有”，過被分，男單主（upetas）。

文句語譯：

因爲，他在幼年時也曾吸吮乳汁，假以時日，（又）在地上爬來爬去。漸漸地，他長成一個俊美的青年，而漸漸地，他已到了垂暮之年了。

32. ity evam ukte calitaḥ sa kiṃcid
rājātmajaḥ sūtam idaṃ babhāṣe |
kim eṣa doṣo bhavitā mamāpīty
asmai tataḥ sārathir abhyuvāca ||

語句解釋：

ity evam ukte：iti-evam ukte，“被這樣說時”。» ukte：ukta，vac- II.，“說”，過被分，男單位。calitaḥ：calita，cal- I.，“心慌”，過被分，男單主。kiṃcid：kiṃcid，不定代，“有些”。rājātmajaḥ：rājātmaja，“王子”，男單主（rājātmajas）。sūtam：sūta，“車伕”，男單對。idaṃ：idam，指代，“這

（番話）”，中單對（idam）。babhāṣe：bhāṣ- I.，“說”，完成，單三，爲自。kim：疑代，“會不會？”。eṣa：etad，指代，“這”，男單主（eṣas）。doṣo：doṣa，“災厄，罪惡”，男單主（doṣas；末尾的 as 後接有聲輔音，變 o）。bhavitā：，bhū- I.，“將會”，複合未來，爲他，單三。mamāpīty：mama-api-iti，“在我亦一樣嗎？如是（詢問）”。» mama：mad，人代，“我”，單屬。asmai：idam，指代，“這個（指王子）”，男單爲。sārathir：sārathi，“御者，車伕”，男單主（sārathis；末尾的 s 後接元音，變 r）。abhyuvāca：abhi-uvāca，abhi-vac- II.，“告訴”，完成，爲他，單三。

文句語譯：

被這樣告知時，王子有些心緒不寧，他對御者說出這（番話）：「這種災禍，於我亦會一樣嗎（亦會降臨在我身上嗎）？」這樣（問過之後），御者便告訴他：

33. āyuṣmato 'py eṣa vayaḥprakarṣo
niḥsaṃśayaṃ kālavaśena bhāvī |
evaṃ jarāṃ rūpavināśayitrīṃ
jānāti caivecchati caiva lokaḥ ||

語句解釋：

āyuṣmato 'py：āyuṣmatas-api，“就算對於長壽之君來說”。» āyuṣmatas：āyuṣmat，“具壽者，尊者”，男單屬（āyuṣmatas）。eṣa vayaḥprakarṣo：eṣas vayas-prakarṣas，“年

紀長久（=年歲增長）”。» vayas：“年紀”，中。prakarṣa：“長久”，男單主（prakarṣas）。niḥsaṃśayam：niḥsaṃśayam，副，“毋庸置疑”。kālavaśena：kāla-vaśa，“時間的力量”，男單具。bhāvī：bhāvin，形，“無法避免”，男單主。jarāṃ：jarā，“年老”，女單對（jarām）。rūpavināśayitrīṃ：rūpa-vināśayitrīṃ，“令美貌喪失者”。» rūpa：“容貌”，中。vināśayitrīṃ：vināśayitrī，“摧毀者”，女單對（vināśayitrīm。cf. 男：yitṛ）。jānāti：jñā- IX.，“知道”，現在，直陳，單三，爲他。caivecchati：ca-eva-icchati。» ca-eva：“既...”（指前述知道年老破壞美貌之事）。icchati：iṣ- VI.，“欲求”，現在直陳，單三，爲他。caiva：ca-eva（加上前文 ca-eva，表示“又...”）。lokaḥ：loka，“世間”，男單主（lokas）。

文句語譯：

「就算對於長壽之君（*對對方的敬稱）來說，毫無疑問，由於時間的力量，年紀日長是無可避免的。世人既知道年老正是美貌的破壞者，卻又渴求它（年老，指長生）。」

34. tataḥ sa pūrvāśayaśuddhabuddhir
vistīrṇakalpācitapuṇyakarmā |
śrutvā jarāṃ saṃvivije mahātmā
mahāśaner ghoṣam ivāntike gauḥ ||

語句解釋：

pūrvāśayaśuddhabuddhir：pūrva-āśaya-śuddha-buddhir，“因前世意向而得清淨的智慧”。» pūrva-āśaya：“前世的意向”，男。śuddha-buddhir：“清淨的智慧”，女單主（-buddhis；s 後接有聲輔音，變 r）。vistīrṇakalpācitapuṇyakarmā：vistīrṇa-kalpa-ācita-puṇyakarmā，“累劫積聚的善業”。» vistīrṇa-kalpa：“多劫（極長時間）”，男。ācita：ā-ci- V.，“積聚”，過被分。ācita-puṇyakarmā：ācita-puṇyakarman：形，“累積善業”，男單主。śrutvā：śru- V.，動名，“聽”。saṃvivije：sam-vij- VI.，“驚慌”，完成，單三，爲自。mahātmā：mahātman，形，“靈魂高貴的”，男單主。mahāśaner：mahā-aśani，“霹靂”，女單屬（mahā-aśanes）。ghoṣam：ghoṣa，“轟隆巨響”，男單對。ivāntike：iva-antike：“就像在附近”。» antike：副，“在附近”。gauḥ：go，“牛”，男/女單主（gaus）。

文句語譯：

於是，因爲前世意向而獲得了清淨智慧，累劫積聚善業的高潔之人（王子），聞得年老（之事），驚慌不堪，就如一頭牛，聽到近在咫尺的雷聲的轟然巨響般（驚惶失措）。

35. niḥśvasya dīrghaṃ svaśiraḥ prakampya
tasmiṃś ca jīrṇe viniveśya cakṣuḥ |
tāṃ caiva dṛṣṭvā janatāṃ saharṣāṃ
vākyaṃ sa saṃvigna idaṃ jagāda ‖

語句解釋：

niḥśvasya：niḥ-śvas- II.，動名，“歎息”。dīrghaṃ：dīrgham，副，“長長地，深深地”。svaśiraḥ：sva-śiras，“自己的頭”，中單對。prakampya：pra-kamp- I.，動名，“搖動”。tasmiṃś ca：“並且在那”。» tasmiṃś：tasmin，tad，指代，“那”，男單位（n 後接硬腭輔音 c，變 ṃś）。jīrṇe：jīrṇa，jṝ- IV.，“老去”，過被分，男單位。viniveśya：vi-ni-viś- VI.，使役動名，“視線集中在”。cakṣuḥ：cakṣus，“眼”，中單對。tāṃ：tad，指代，“那”，女單對（tām）。caiva：ca-eva，“另一方面”。dṛṣṭvā：dṛś- I.，動名，“看”。janatāṃ：janatā，“人民，眾人”，女單對（janatām）。saharṣāṃ：saharṣa，形，“喜悅”，女單對（saharṣām）。vākyaṃ：vākya，“說話”，中單對（vākyam）。saṃvigna：sam-vij- VI.，“驚慌”，過被分，男單主（saṃvignas）。idaṃ：idam，指代，“這”，中單對（idam）。jagāda：gad- I.，“清楚地說”，完成，單三，爲他。

文句語譯：

他搖頭長歎，將雙眼視線集中在那老人身上；一面又看到興高采烈的民眾，震驚的他說出這番話：

36. evaṃ jarā hanti ca nirviśeṣaṃ
smṛtiṃ ca rūpaṃ ca parākramaṃ ca |
na caiva saṃvegam upaiti lokaḥ
pratyakṣato 'pīdṛśam īkṣamāṇaḥ ||

語句解釋：

evaṃ：evam，副，“像這樣”。jarā：jarā，“年老”，女單主。hanti：han- II.，“打擊，殺害”，現在，直陳，單三，爲他。nirviśeṣaṃ：nirviśeṣam，副，“無差別地”。smṛtiṃ：smṛti，“記憶”，女單對（smṛtim）。rūpaṃ：rūpa，“美貌”，中單對（rūpam）。parākramaṃ：parākrama，“氣力”，男單對（parākramam）。na caiva：na ca-eva，“然而沒有（and yet）”。saṃvegam：saṃvega，“慌張”，男單對。upaiti：upa-eti，upa-i- II.，“接近”，現在，直陳，單三，爲他。lokaḥ：loka，“世間”，男單主（lokas）。pratyakṣato：pratyakṣatas，副，“在眼前”（末尾的 as 後接 a，變 o'，a 略去）。'pīdṛśam：api-īdṛśam，“雖然（就在眼前），這樣的情景”。» īdṛśam：īdṛśa，代形，“這樣的”，男單對。īkṣamāṇaḥ：īkṣamāṇa，īkṣ- I.，“看”，現反分，男單主（īkṣamāṇas）。

文句語譯：

「就這樣，年老將記憶、美貌、氣力通通扼殺了，儘管事實就在眼前，世人見到這樣的情景，卻還未感到惶恐不安。

37. evaṃ gate sūta nivartayāśvān
śīghraṃ gṛhāṇy eva bhavān prayātu |
udyānabhūmau hi kuto ratir me
jarābhaye cetasi vartamāne ||

語句解釋：

evaṃ gate：“在這樣的情況下”。» evaṃ：evam，副，“像這樣”。gate：不變化（*gata 的中單位），“在...的情況下”。**sūta**：sūta，“御者”，男單呼。**nivartayāśvān**：nivartaya-aśvān，“策馬折回”。» nivartaya：ni-vṛt- I.，“折回”，命令，爲他，單二，使役。aśvān：aśva，“馬”，男複對。**śīghraṃ**：śīghram，副，“快速”。**gṛhāṇy**：gṛha，“家”，中複對（gṛhāṇi；末尾的 i 後接異類元音，變 y）。**eva**：副，旨在強調語氣。**bhavān**：bhavat，人代，“您”，單主。**prayātu**：pra-yā- II.，“出發”，現在，命令，單三，爲他。**udyānabhūmau**：udyāna-bhūmi，“遊園”，女單位。**hi**：連，“因爲”。**kuto**：kutas，疑副，“從何處？怎會？”。**ratir**：rati，“快樂”，女單主（ratis）。**me**：mad，人代，“我”，單屬。**jarābhaye**：jarā-bhaya，“對年老的恐懼”，中單位。**cetasi**：cetas，“心，精神”，中單位。**vartamāne**：vartamāna，vṛt- I.，“存在，有”，現反分，中單位。

文句語譯：

那麼，御者啊，您趕快策馬，出發回家去。因爲，當心神存在（念念不忘）衰老的恐懼，在園林裡，又怎會有我的快樂呢（我又有何快樂可言呢）？」

38. athājñayā bhartṛsutasya tasya
nivartayām āsa rathaṃ niyantā |
tataḥ kumāro bhavanaṃ tad eva

cintāvaśaḥ śūnyam iva prapede ‖

語句解釋：

athājñayā：atha-ājñayā，“於是，按照命令”。» atha：連，“於是，隨後”。ājñayā：ājñā，“命令”，女單具。**bhartṛsutasya**：bhartṛ-suta，“主人的兒子的”，男單屬。**tasya**：tad，指代，“那”，男單屬。**nivartayām āsa**：ni-vṛt- I.，“折回”，使役複合完成，單三，爲他。**ratham**：ratha，“馬車”，男單對（ratham）。**niyantā**：niyantṛ，“御者”，男單主。**kumāro**：kumāra，“王子”，男單主（kumāras；末尾的 as 後接有聲輔音，變 o）。**bhavanam**：bhavana，“家，居所”，中單對（bhavanam）。**tad**：tad，指代，“那（居所）”，中單對（tat；末尾的 t 後接元音，變 d）。**eva**：副，“就算”。**cintāvaśaḥ**：cintāvaśa，形，“憂心忡忡（被憂慮佔據著）”，男單主（cintāvaśas）。» cintā，“憂慮”，女。**śūnyam iva**：“就如虛空一樣”。» śūnyam：śūnya，形，“空的，空虛”，中單對。**prapede**：pra-pad- IV.，“進入”，完成，爲自，單三。

文句語譯：

於是，御者遵照主人兒子的吩咐，將馬車折返。王子憂心忡忡，就算步進了皇宮，卻如（墮入）虛空之中。

二、一百五十讚佛頌

Śatapañcāśatka-stotra

二、一百五十讚佛頌

Śatapañcāśatka-stotra

解　題

在印度古文學的讚頌（Stotra）文體中，摩咥里制吒（Mātṛceṭa）的《一百五十讚佛頌》（英：*Hymn of 150 Verses*；梵：Śatapañcāśatka-stotra），是一篇十分具有份量的作品。在印度，摩咥里制吒和另一位詩人馬鳴，同樣享負盛名，也是頌讚詩體的最早期作者。但是，十七世紀的西藏學者多羅那他（Tāranātha）卻主張摩咥里制吒與馬鳴是同一人，此說尚待證實。

摩咥里制吒的生活年代向來無法斷定。D.R. Shackleton Bailey 在《一百五十讚佛頌》的梵文校注本，推斷他若非生活於貴霜王朝迦膩色迦王二世，約爲公元 160 至 260 年之間，就是此前的一個世紀。此外，在唐代赴印度的求法高僧義淨的《南海寄歸內法傳》卷四「讚詠之禮」，紀錄了摩咥里制吒的生平。他先信奉婆羅門教，事大自在天，後來才皈依佛教。其次，無著、世親菩薩（約生活於公元四、五世紀）都很敬重摩咥里制吒，這說明前兩者的生活年代當後於摩氏。除了《一百五十讚佛頌》外，摩咥里制吒的另一部家喻戶曉之作，就是《四百讚》（梵：Catuḥśataka 或 Varṇārhavarṇa Stotra）和

《與迦膩色迦大王書》（英：Epistle to King Kaniṣka，梵：Mahārājakanikalekha）。

《一百五十讚佛頌》不但是宗教頌讚詩歌，並且被當作是佛教入門的讀物。它共有一百五十三頌，其中一百四十八頌讚揚佛德。現存漢語譯本，有義淨的《一百五十讚佛頌》，收錄於《大正藏》第三十二冊。在藏文大藏經《丹珠爾》，收有三種譯本。在歷史上，《一百五十讚佛頌》尚有吐火羅文 A、B、蒙、滿等語言譯本流布。

1936 年，在西藏薩迦寺中首次發現了《一百五十讚佛頌》的完整梵文寫本。1951 年，D.R. Shackleton Bailey 把全部 153 頌完成編纂和校訂出來，並附上英譯和註釋。本篇所選用的文本，正是出自 Bailey 的校注本。

在佛教文學史裡，摩咥里制吒和馬鳴都是採用正規古典梵文書寫的著名詩人，但兩人風格卻呈異趣，簡言之，前者平實自然，不講究雕飾，語句結構簡煉直接；後者則辭藻華美，常以大量連綴的複合詞代替正式的主謂句法。讀者只需細閱本書的選文，便可體會兩者作品在美學特徵上的差別。

選文

1. sarvadā sarvathā sarve
   yasya doṣā na santi ha |
   sarve sarvābhisāreṇa
   yatra cāvasthitā guṇāḥ ||

2. tam eva śaraṇaṃ gantuṃ
tam stotuṃ tam upāsitum |
tasyaiva śāsane sthātuṃ
nyāyyaṃ yady asti cetanā ||

3. savāsanāś ca te doṣā
na santy ekasya tāyinaḥ |
sarve sarvavidaḥ santi
guṇās te cānapāyinaḥ ||

4. na hi pratiniviṣṭo 'pi
manovākkāyakarmasu |
saha dharmeṇa labhate
kaścid bhagavato 'ntaram ||

5. so 'haṃ prāpya manuṣyatvaṃ
sasaddharmamahotsavam |
mahārṇavayugacchidra-kūrmagrīvārpaṇopamam ||

6. anityatāvyanusṛtāṃ
karmacchidrasasaṃśayām |
āttasārāṃ kariṣyāmi
kathaṃ nemāṃ sarasvatīm ||

7. ity asaṃkhyeyaviṣayān
avetyāpi guṇān muneḥ |
tadekadeśapraṇayaḥ
kriyate svārthagauravāt ||

8. svayaṃbhuve namas te 'stu
prabhūtādbhutakarmaṇe |
yasya saṃkhyāprabhāvābhyāṃ
na guṇeṣv asti niścayaḥ ||

9. iyanta iti nāsty anta
īdṛśā iti kā kathā |
puṇyā ity eva tu guṇān
prati te mukharā vayam ||

釋 義

1. sarvadā sarvathā sarve
yasya doṣā na santi ha |
sarve sarvābhisāreṇa
yatra cāvasthitā guṇāḥ ||

語句解釋：

sarvadā：副，“一切時”。sarvathā：副，“一切處”。sarve：sarva，代形，“一切”，男複主。yasya：yad，關代，“他，其人”男單屬。doṣā：doṣa，“過失”，男複主（doṣās）。na santi：“不存在，沒有”。» santi：as- II.，“有，存在”，現在，直陳，複三，爲他。ha：品，“確實，誠然”，表示強調。sarvābhisāreṇa：sarva-abhisāreṇa，“完全地”，男單具。» abhisāra：“匯聚”，男。yatra：副，“在那裡”。cāvasthitā：ca-avasthita。» ca：連，“並，而且”。avasthita：ava-sthā- I.，“存在，住在”，過被分，男複主（avasthitās）。guṇāḥ：guṇa，“美德，功德”，男複主（guṇās）。

文句語譯：

於一切時、一切處，斷除諸惡德者（佛陀），一切功德全部安住在他那裡。

2. tam eva śaraṇaṃ gantuṃ
taṃ stotuṃ tam upāsitum |

tasyaiva śāsane sthātuṃ
nyāyyaṃ yady asti cetanā ‖

語句解釋：

tam eva：“唯有他”。» tam：tad，指代，“他”，男單對。eva：副，“唯有”。śaraṇaṃ gantuṃ：“尋求庇護”。» śaraṇaṃ：śaraṇa，“庇護，避難所”，中單對（śaraṇam）。gantuṃ：gantum，gam- I.，不定，“去”。stotuṃ：stotum，stu- II.，不定，“讚美”。upāsitum：upa-ās- II.，不定，“侍奉”。tasyaiva：tasya-eva，“唯他（佛）的”。» tasya：tad，指代，“他”，男單屬。śāsane：śāsana，“教義”，中單位。sthātuṃ：sthātum，sthā- I.，不定，“住，依止”。nyāyyaṃ：nyāyyam，副，“適宜，合適”。yady asti：yadi-asti，“如果他（某人）是”。» yadi：連，“如果”。cetanā：“智慧”，女單主。

文句語譯：

唯有他（佛）可皈依，可稱頌，可侍奉，唯他的教法應當依止 —— 假如某人是有智慧的話。

3. savāsanāś ca te doṣā
   na santy ekasya tāyinaḥ |
   sarve sarvavidaḥ santi
   guṇās te cānapāyinaḥ ‖

語句解釋：

savāsanāś ca：sa-vāsanāś ca，“伴隨著熏習的”。» vāsanā：“熏習”，女。sa-vāsanā：形，“帶有熏習的”，男複主（vāsanās；末尾的 s 後接硬腭輔音 c，變 ś）。te doṣā：“那些惡德”。» te：tad，指代，“那些，諸”，男複主。doṣā：doṣa，“惡德，過失”，男複主（doṣās）。na santy：na santi，“不存在”» santi：as- II.，“是，存在”，現在，直陳，複三，爲他（末尾的 i 後接異類元音，變 y）。ekasya：eka，基數，“唯一的”，男單屬。tāyinaḥ：tāyin，“護世者（佛陀）”，男單屬（tāyinas）。sarve：sarva，代形，“一切”，男複主。sarvavidaḥ：sarva-vid，“全知者”，男單屬（sarva-vidas）。santi：as- II.，“是，存在”，現在，直陳，複三，爲他。guṇās：guṇa，“功德”，男複主。te：tad，指代，“那些，諸”，男複主。cānapāyinaḥ：ca an-apāyinaḥ：“並且，不退沒”。» an-apāyinaḥ：an-apāyin，形，“不退沒”，男複主（an-apāyinas）。

文句語譯：

諸惡德的熏習，在唯一的護世者身上已不存在；所有功德，都在全知者身上，而且都不退沒。

4. na hi pratiniviṣṭo 'pi
manovākkāyakarmasu |
saha dharmeṇa labhate
kaścid bhagavato 'ntaram ||

語句解釋：

hi：連，“因爲...”。pratiniviṣṭo 'pi：pratiniviṣṭas-api，“即使懷著惡意者”。» pratiniviṣṭas：pratiniviṣṭa，prati-ni-viś- VI.“充滿惡意”，過被分，男單主。api：副，“即使”。manovākkāyakarmasu：manas-vāk-kāya-karmasu，“在意、言語、身、行爲裡”。» manas：“心、意”，中。vāk：vāc，“言語”，女單主（複合詞：vāk-）。kāya：“身體”，男。karmasu：karman，“行爲”，中複位。saha dharmeṇa：“正當地，正確地”。（句首的）na....labhate：“得不到”。» labh- I.，“獲得”，現在，直陳，單三，爲自。kaścid：不定代，“一點，某個”，男單主。bhagavato 'ntaram：bhagavatas-antaram。» bhagavatas：bhagavat，“世尊”，男單屬。antaram：“缺陷”，中單對。

文句語譯：

因爲，即使是懷著惡意的人，（若）秉持合理（的態度），（那麼，他）在（世尊的）意、語、身的行爲裡，也找不到世尊的半點瑕疵。

5. so 'haṃ prāpya manuṣyatvaṃ
sasaddharmamahotsavam |
mahārṇavayugacchidrakūrmagrīvārpaṇopamam ||

語句解釋：

so 'haṃ：sas-ahaṃ，“（強調）我自己（I myself）”。» sas：

tad，指代，“那”，男單主；與第一、二人稱代名詞連用，加強語氣。ahaṃ：mad，人代“我”，單主（aham）。prāpya：pra-āp- V.，動名，“得到”。manuṣyatvaṃ：manuṣyatva，“人身”，中單對（manuṣyatvam）。sasaddharmamahotsavam：sa-saddharma-mahā-utsavam，“是帶有妙法的大歡喜”。» sa-：接頭辭，“有/是…（的性質）”。sad-dharma：“妙法，正法”，男。mahā-utsavam：mahā-utsava，“大喜樂”，中單對。mahārṇavayugacchidrakūrmagrīvārpaṇopamam：mahārṇava-yugacchidra-kūrma-grīva-arpaṇa-upamam，“如在大海裡海龜以頸項穿過軛孔一樣”。» mahārṇava：mahā-arṇava，“大海”，男。yugacchidra：yuga-cchidra，“軛孔”，中（cchidra 原作 chidra；根據內連聲規則，ch 在元音後，變爲 cch）。kūrma：“龜”，男。grīva：“頸項，脖子”，男。arpaṇa：“插入”，中。upama：形（於複合詞末），“像…一樣，相當於…“，中單對。

文句語譯：

唯我已得到人身，這是帶著妙法的大喜樂，就像汪洋裡海龜以頸項穿過軛孔一樣（的稀有），

6. anityatāvyanusṛtāṃ
karmacchidrasasaṃśayām |
āttasārāṃ kariṣyāmi
kathaṃ nemāṃ sarasvatīm ‖

語句解釋：

anityatāvyanusṛtāṃ：anityatā-vyanusṛtāṃ。» anityatā：“無常”，女。vyanusṛtāṃ：vyanusṛta，vy-anu-sṛ- I.，“浸透”，過被分，女單對（vyanusṛtām）。**karmacchidrasasaṃśayām**：karmacchidra-sasaṃśayām，“因爲業的缺陷而有危機”» karmacchidra：karma-chidra，“業的缺陷”，中。（cchidra 原作 chidra；根據內連聲規則，ch 在元音後，變爲 cch）。sasaṃśayām：sa-saṃśayām，“有危險”，女單對。**āttasārāṃ**：āttasāra，形，“有實效的”，女單對（āttasārām）。**kariṣyāmi**：kṛ- VIII.，“做，作”，未來，單一，爲他。**kathaṃ nemāṃ**：kathaṃ na-imāṃ。» kathaṃ na：“爲何不？”→ kathaṃ：katham，疑副，“爲何？”。imāṃ：idam，指代，“這”，女單對（imām）。**sarasvatīm**：sarasvatī，“言說”，女單對。

文句語譯：

（言說）滲透著無常之性，又因爲業的缺陷而危機重重，（既然這樣），我何不發揮這言說的效益呢？

7. ity asaṃkhyeyaviṣayān
avetyāpi guṇān muneḥ |
tadekadeśapraṇayaḥ
kriyate svārthagauravāt ||

語句解釋：

ity：iti，副，“如是，如此”。**asaṃkhyeyaviṣayān**：

asaṃkhyeya-viṣayān，形，“有無數的領域”。» asaṃkhyeya：形，“數不盡”。viṣayān：viṣaya，“領域”，男複對。avetyāpi：avetya-api，“縱使了解”。» avetya：ava-i- II.，動名，“了解”。api：副，“縱使”。guṇān：guṇa，“功德”，男複對。muneḥ：muni，“牟尼，聖者”，男單屬(munes)。tadekadeśapraṇayaḥ：tad-eka-deśa-praṇayaḥ。» tad：tat，副，“於是”。eka-deśa：“一部分”，男。pranayaḥ：praṇaya，“宣揚”，男單主(praṇayas)。kriyate：kṛ- VIII.，“做，作”，現在，直陳，單三，被動。svārthagauravāt：svārtha-gauravāt。» svārtha：sva-artha，“自己的利益”，男。gauravāt：gaurava，“重要，攸關”，中單從。

文句語譯：

如是，縱然知道牟尼的功德的境域不可衡量，但攸關自身的福報，(我)還是讚歎(他)部分(的功德)。

8. svayaṃbhuve namas te 'stu
prabhūtādbhutakarmaṇe |
yasya saṃkhyāprabhāvābhyāṃ
na guṇeṣv asti niścayaḥ ||

語句解釋：

svayaṃbhuve：svayaṃbhū，形，“自生的”，男單爲。namas te 'stu：“向您頂禮”。» namas：“頂禮”，中單主；namas(+爲格)'stu：“向...頂禮”。→ te 'stu：te-astu。te：tva，

人代，“您”，單爲。astu：as- II.，“存在”，現在，命令，單三，爲他。prabhūtādbhutakarmaṇe：prabhūta-adbhuta-karmaṇe，形，“眾多稀奇的業”。» prabhūta：形，“豐富，眾多”。adbhuta：形，“稀奇”。karmaṇe：“業，行爲”，中單爲。yasya：yad，關代，“它的，其”，男單屬。saṃkhyāprabhāvābhyāṃ：saṃkhyā-prabhāvābhyāṃ。» saṃkhyā：“數量”，女。prabhāva：“威力”，男雙爲(prabhāvābhyām)。guṇeṣv：guṇa，“功德”，男複位（guṇeṣu；u 後接異類元音 a，變爲半元音 v；位格表示「關於某事」或所述的主題）。asti：as- II.，“存在”，現在，直陳，單三，爲他。niśćayaḥ：niśćaya，“確定”，男單主（niśćayas）。

文句語譯：

（我）頂禮自生者（佛陀）、業力眾多且不可思議的您；諸功德的數量與威力不可確定的您。

9. iyanta iti nāsty anta
   īdṛśā iti kā kathā |
   puṇyā ity eva tu guṇān
   prati te mukharā vayam ||

語句解釋：

iyanta iti：“這麼多，這麼大”。» iyanta：iyat，代形，“這麼多”，男複主（iyantas；-as 在 a 以外的元音前，變 a）。iti：副，“如是”。nāsty anta：na-asti anta，“沒有邊際”。

» anta：anta，“邊界，邊際”，男單主（antas）。īdṛśā：īdṛśa，代形，“這樣的”，男複主（īdṛśās）。iti：副，“如是”。kā kathā：“有什麼說話呢？” » kā：ka，疑代，“什麼”，女單主。kathā：“言說”，女單主。puṇyā：puṇya，形，“福德，吉祥”，男複主（puṇyās）。ity eva：ity-eva，“確實這樣”。tu：品，“但是”。guṇān：guṇa，“功德”，男複對。prati：前/後置詞（與對格一起），“向...，關於...”。te：tva，人代，“您的”，單屬。mukharā：mukhara，形，“能說會道”，男複主（mukharās；-ās 後接有聲音，變 ā）。vayam：mad，人代，“我們”，複主。

文句語譯：

（如來功業）如此廣大無垠，像這樣，又會有什麼言說（可以名狀）呢？然而，（頌讚之言）確實（帶來）福德，（所以）我們言若懸河，對您的功德讚嘆不已。

三、無量壽經

Sukhāvatīvyūha

三、無量壽經

Sukhāvatīvyūha

解　題

本經是淨土三部經之一，一般稱《阿彌陀經》做《小經》，本經是《大經》。

據《出三藏記集》及《高僧傳》的記載，《無量壽經》的譯本先後有十二種，但現存的只有以下五種：

《無量清淨平等覺經》四卷	東漢支婁迦讖譯
《阿彌陀經》二卷	東吳支謙譯
《佛說無量壽經》二卷	曹魏康僧鎧譯
《大寶積經無量壽如來會》二卷	唐菩提流志譯
《佛說大乘無量莊嚴經》三卷	北宋法賢譯

經過對各種譯經錄、僧傳記的對照和考證，日本學者望月信亨、境野黃洋等，推斷康僧鎧的譯本，可能就是劉宋寶雲所譯的《新無量壽經》（已佚）。不過，野上俊靜根據敦煌本的新資料，卻推翻這種成說，認爲譯者應是西晉的竺法護。

十九至二十世紀，大谷光瑞、榊亮三郎等人發現了梵本的《無量壽經》，另外在尼泊爾也發現了數種梵文本。1883年，Max Müller與南條文雄將梵文本《無量壽經》出版，題爲 “Sukhāvatī Vyūha, Description of Sukhāvatī, the Land of

Bliss”，這被稱爲牛津本。之後在 1930 年，荻原雲來校對了牛津本，並基於藏譯改訂，譯成日文和英文，完成了梵、藏、日、英合璧的《淨土三部經》。

《無量壽經》是說明阿彌陀佛在修行時所許下的四十八個大願的內容，以及阿彌陀佛所成就的西方極樂世界的殊勝景況，還提到眾生要如何修行，往生以後才能進入西方極樂世界。

本經是西方淨土思想的根本聖典，歷代註疏撰述極多，例如《無量壽經優婆提舍願生偈》一卷（印度天親菩薩造，北魏菩提流支譯）。中國方面的註疏，有隋代慧遠的《無量壽經義疏》二卷、吉藏的《無量壽經義疏》一卷、唐代圓測的《無量壽經疏》三卷、新羅元曉的《兩卷無量壽經宗要》等。

本篇選文，是節錄自足利惇氏編訂的《大無量壽經梵本》第十三至二十願（京都：法藏館，1965）。

選　文

13. sacen me bhagavann anuttarāṃ samyaksaṃbodhim abhisaṃbuddhasya, tasmin buddhakṣetre prāmāṇikī me prabhā bhaved,
antaśo buddhakṣetrakoṭīnayutaśatasahasrapramāṇenāpi, mā tāvad aham anuttarāṃ samyaksaṃbodhim abhisaṃbudhyeyam

14. sacen me bhagavaṃs tasmin buddhakṣetre 'nuttarāṃ samyaksambodhim abhisaṃbuddhasya bodhiprāptasya,

sattvānāṃ pramāṇīkṛtyam āyuṣpramānaṃ bhaved,
anyatra praṇidhāna-vaśena, mā tāvad aham anuttarāṃ samyaksaṃbodhim abhisaṃbudhyeyam

15. sacen me bhagavan bodhiprāptasyāyuṣpramānaṃ paryantīkṛtyaṃ bhaved,
antaśaḥ kalpakoṭīnayutaśatasahasragaṇanayāpi, mā tāvad aham anuttarāṃ samyaksaṃbodhim abhisaṃbudhyeyam

16. sacen me bhagavan bodhiprāptasya tasmin buddhakṣetre sattvānām akuśalasya nāmadheyam api bhaven,
mā tāvad aham anuttarāṃ samyaksaṃbodhim abhisaṃbudhyeyam

17. sacen me bhagavan bodhiprāptasya nāprameyeṣu buddhakṣetreṣv aprameyāsaṃkhyeyā buddhā bhagavato nāmadheyaṃ parikīrtayeyur,
na varṇaṃ bhāṣeran, na praśaṃsām abhyudīrayeyur, na samudīrayeyur, mā tāvad aham anuttarāṃ samyaksaṃbodhim abhisaṃbudhyeyam

18. sacen me bhagavan bodhiprāptasya, ye sattvā anyeṣu lokadhātuṣv anuttarāyāḥ samyaksaṃbodheś cittam utpādya,

mama nāmadheyaṃ śrutvā, prasannacittā mām anusmareyus, teṣāṃ ced ahaṃ maraṇakālasamaye pratyupasthite bhikṣusaṃgha-parivṛtaḥ puraskṛto na puratas tiṣṭheyam, yad idaṃ; cittā-vikṣepatāyai, mā tāvad aham anuttarāṃ samyaksaṃbodhim abhisaṃbudhyeyam

19. sacen me bhagavan bodhiprāptasyāprameyāsaṃkhyeyesu buddhakṣetreṣu ye sattvā mama nāmadheyaṃ śrutvā, tatra buddhakṣetre cittaṃ preṣayeyur, upapattaye kuśalamūlāni ca pariṇāmayeyus,

te ca tatra buddhakṣetre nopapadyeran, antaśo daśabhiś cittotpādaparivartaiḥ sthāpayitvānantaryakāriṇaḥ saddharmapratikṣepāvaraṇāvṛtāṃś ca sattvān, mā tāvad aham anuttarāṃ samyaksaṃbodhim abhisaṃbudhyeyam

20. sacen me bhagavan bodhiprāptasya, tatra buddhakṣetre bodhisattvāḥ pratyājāyeran,

te sarve na dvātriṃśatā mahāpuruṣa-lakṣaṇaiḥ samanvāgatā bhaveyur, mā tāvad aham anuttarāṃ samyaksaṃbodhim abhisaṃbudhyeyam

釋 義

13. sacen me bhagavann anuttarāṃ samyaksaṃbodhim abhisaṃbuddhasya, tasmin buddhakṣetre prāmāṇikī me prabhā bhaved,

語句解釋：

sacen：sacet，連，“假若”（sacet 後連鼻輔音，末尾的 t 變成 n）。me：mad，人代，“我”，單屬。bhagavann：bhagavat，“世尊”，男單呼（bhagavan；末尾的 n，因在短元音後並後接元音，故必需重覆：bhagavann。）anuttarāṃ：anuttara，形，“無上”，女單對（anuttarām）。samyaksaṃbodhim：samyak-sambodhi，“正覺”，女單對。» samyak：samyañc，形，“正確”。sambodhi：“完全的覺悟”，女。abhisaṃbuddhasya：abhi-sam-budh- I./IV.，“證得完全的覺悟”，過被分，男單屬（*絕對屬格。）tasmin：tad，指代，“那”，中單位。buddhakṣetre：buddha-kṣetra，“佛國土”，中單位。prāmāṇikī：prāmāṇika，形，“可量度的”，女單主。me：mad，人代，“我”，單屬。prabhā：prabhā，“光”，女單主。bhaved：bhavet，“變成”，bhu- I.，現在，願望（願望法表示假設），單三，爲他（末尾的 t 受後續的 a 影響，變 d）。

文句語譯：

世尊啊！假如我完全覺悟，證得無上正覺，而我的光明，於

那佛國土，能被量度，

antaśo buddhakṣetrakoṭīnayutaśatasahasrapramāṇenāpi, mā tāvad aham anuttarāṃ samyaksaṃbodhim abhisaṃbudhyeyam

語句解釋：

antaśo：antaśas，副，“極多”（末尾的 as 後接有聲輔音，變 o）。buddhakṣetrakoṭīnayutaśatasahasrapramāṇenāpi：buddhakṣetra-koṭī-nayuta-śata-sahasra-pramāṇena-api。» buddhakṣetra：“佛國土”，中。koṭī：“千萬，俱胝”，女。nayuta：“那由他，千億”，男/中。śata：基數，“百”，中。sahasra：基數，“千”，中。pramāṇena：pramāṇa，“量”，中單具。api：副，“即使”。mā：品，“勿…，不…”（接下文的 abhisaṃbudhyeyam → mā abhisaṃbudhyeyam）。tāvad：tāvat，副，“確實”（末尾的 t 後接元音 a，變 d）。aham：人代，“我”，單主。anuttarāṃ：anuttara，形，“無上”，女單對（anuttarām）。samyaksaṃbodhim：samyak-sambodhi，“正覺”，女單對。» samyak：samyañc，形，“正確”。sambodhi：“完全的覺悟”，女。abhisaṃbudhyeyam：abhi-sam-budh-IV.，“獲得完全覺悟”，現在，願望，單一，爲他。

文句語譯：

即使是以百千俱胝那由他諸佛國土來量度，那時，我也決不取無上正覺。

*此爲光明無量之願。

14. sacen me bhagavaṃs tasmin buddhakṣetre 'nuttarāṃ samyaksambodhim abhisaṃbuddhasya bodhiprāptasya, sattvānāṃ pramāṇīkṛtyam āyuṣpramānaṃ bhaved,

語句解釋：

bhagavaṃs：bhagavat，“世尊”，男單呼（bhagavan；末尾的 n，在後接的齒輔音 t 前，需變爲韻尾鼻音及齒噝音 s：bhagavaṃs。）tasmin：tad，指代，“那”，中單位。buddhakṣetre：buddhakṣetra，“佛國土”，中單位。bodhiprāptasya：bodhi-prāptasya，“獲得菩提”。» bodhi：“開悟，菩提”，女。prāptasya：prāpta，pra-āp- V.，“到達，獲得”，過被分，男單屬。sattvānāṃ：sattva，“眾生”，中複屬（sattvānām）。pramāṇīkṛtyam：pramāṇī-kṛtya，形“可量度的”，中單主（pramāṇī-kṛtyam）。āyuṣpramāṇaṃ：āyuṣ-pramāṇa，“壽量”，中單主（āyuṣ-pramāṇam）。» āyuṣ：“壽命”，中。pramāṇa：“量，長度”，中。bhaved：bhavet，bhu- I.，“變成”，現在，願望，單三，爲他（末尾的 t 受後續的 a 影響，變 d）。

文句語譯：

世尊啊！在我完全覺悟，獲得菩提，證得無上正覺之後，而在那佛國土，假如眾生的壽命，能被量度，

anyatra praṇidhāna-vaśena, mā tāvad aham anuttarāṃ samyaksaṃbodhim abhisaṃbudhyeyam

語句解釋：

anyatra：副，“除非”。praṇidhāna-vaśena：praṇidhāna- vaśa，“藉著願力”，男單具。» praṇidhāna：“誓願”，中。vaśa：“支配，力量”，男。mā：品，“勿...，不...”（接下文abhisaṃbudhyeyam→mā abhisaṃbudhyeyam）。tāvad：tāvat，副，“那時”（末尾的t受後續的元音a影響，變d）。aham：mad，人代，“我”，單主。anuttarāṃ：anuttara，形，“無上”，女單對（anuttarām）。samyaksaṃbodhim：samyak-sambodhi，“正覺”，女單對。abhisaṃbudhyeyam：abhi-sam-budh- IV.，“獲得完全覺悟”，現在，願望，單一，爲他。

文句語譯：

除非因（其）願力之故（*因欲救度眾生，壽命長短即能隨意自在），（否則）那時，我決不取無上正覺。

*此爲人天長壽願。

15. sacen me bhagavan bodhiprāptasyāyuṣpramāṇaṃ paryantīkṛtyaṃ bhaved,

語句解釋：

sacen：sacet，連，“假若”（末尾的t後接鼻輔音，變n）。me：mad，人代，“我”，單屬。bhagavan：bhagavat，“世

尊”，男單呼。bodhiprāptasyāyuṣpramānaṃ：bodhi- prāptasya-āyuṣ-pramānaṃ，“已得菩提，壽量...”。» bodhiprāptasya：bodhi-prāptasya，“獲得菩提”。→ bodhi：“開悟，菩提”，女。prāptasya：prāpta，pra-āp- V.，“到達，獲得”，過被分，男單屬。āyuṣ：“壽命”，中。pramāṇa：“量，長度”，中單主（pramānam）。paryantīkṛtyaṃ：paryantī-kṛtyam，“應盡（完結）”。» paryantī-kṛ- VIII.，“終止，完結”。→ kṛtyam：kṛtya，形，“應當”，中單主。

文句語譯：

世尊啊！假若我證得菩提，壽量應盡，

antaśaḥ kalpakoṭīnayutaśatasahasragaṇanayāpi, mā tāvad aham anuttarāṃ samyaksaṃbodhim abhisaṃbudhyeyam

語句解釋：

antaśaḥ：antaśas，副，“極多”。kalpakoṭīnayutaśatasahasragaṇana：kalpa-koṭī-nayuta-śata-sahasra-gaṇanayā-api，“即使以百千俱胝那由他諸劫來計算”。» kalpa：“劫”，男。koṭī：“千萬，俱胝”，女。nayuta：“那由他，千億”，男/中。śata：基數，“百”，中。sahasra：基數，“千”，中。gaṇanayā：gaṇanā，“計算”，女單具。api：副，“即使”。mā：品，“勿...，不...”（接下文abhisaṃbudhyeyam → mā abhisaṃbudhyeyam）。tāvad：tāvat，副，“確實”。aham：mad，人代，“我”，單主。anuttarāṃ：

anuttara，形，“無上”，女單對（anuttarām）。samyaksaṃbodhim：samyak-sambodhi，“正覺”，女單對。abhisaṃbudhyeyam：abhi-sam-budh- IV.，“獲得完全覺悟”，現在，願望，單一，爲他。

文句語譯：

即使是以無數百千俱胝那由他劫來計算，那時，我決不取無上正覺。

*此爲壽命無量之願。

16. sacen me bhagavan bodhiprāptasya tasmin buddhakṣetre sattvānām akuśalasya nāmadheyam api bhaven,

語句解釋：

sacen：sacet，連，“假若”（末尾的 t 後接鼻輔音 m，變 n）。me：mad，人代，“我”，單屬。bhagavan：bhagavat，“世尊”，男單呼。bodhiprāptasya：bodhi-prāptasya，“獲得菩提”。» bodhi：“開悟，菩提”，女。prāptasya：prāpta，pra-āp- V.，“到達，獲得”，過被分，男單屬。tasmin：tad，指代，“那”，中單位。buddhakṣetre：buddhakṣetra，“佛國土”，中單位。sattvānām：sattva，“眾生”，中複屬。akuśalasya：akuśala，“不善”，中單屬。nāmadheyam：nāma-dheya，“名號”，中單主。api：副，“即使，甚至”。bhaven：bhavet，bhu- I.，“變成，有”，現在，願望，單三，爲他（末尾的 t 受後接的鼻輔音 m 影響，變 n）。

文句語譯：

世尊啊！假若我證得菩提，而在那佛國土，甚至（還）有眾生的不善之名的，

mā tāvad aham anuttarāṃ samyaksaṃbodhim abhisaṃbudhyeyam

語句解釋：

mā：品"勿…，不…"（接下文 abhisaṃbudhyeyam → mā abhisaṃbudhyeyam）。tāvad：tāvat，副，"直至那時"。aham：mad，人代，"我"，單主。anuttarāṃ：anuttara，形，"無上"，女單對（anuttarām）。samyaksaṃbodhim：samyak-sambodhi，"正覺"，女單對。abhisaṃbudhyeyam：abhi-sam-budh- IV.，"獲得完全覺悟"，現在，願望，單一，爲他。

文句語譯：

那時，我決不取無上正覺。

* 此爲無諸不善願。

17. sacen me bhagavan bodhiprāptasya nāprameyeṣu buddhakṣetreṣv aprameyāsaṃkhyeyā buddhā bhagavato nāmadheyaṃ parikīrtayeyur,

語句解釋：

sacen：sacet，連，"假若"（末尾的 t 後接鼻輔音，變成 n）。

me：mad，人代，“我”，單屬。bhagavan：bhagavat，“世尊”，男單呼。bodhiprāptasya：bodhi-prāptasya，“獲得菩提”。» bodhi：“開悟，菩提”，女。prāptasya：prāpta，pra-āp- V.，“到達，獲得”，過被分，男單屬。nāprameyeṣu：na-aprameyeṣu » na：下接 parikīrtayeyur，“不宣告”。aprameya：形，“無量”，中複位（aprameyeṣu）。buddhakṣetreṣv：buddhakṣetra，中複位（buddhakṣetreṣu；末尾的 u 後接異類元音，變成半元音 v）。aprameyāsaṃkhyeyā：aprameya-asaṃkhyeyās，“無量無數”。» asaṃkhyeya：形，“無數”，男複主（asaṃkhyeyās；末尾的 ās，後接有聲輔音 b，略去 s 而變成 ā）。buddhā：buddha，“佛”，男複主（buddhās）。bhagavato：bhagavat，“世尊”，男單屬（bhagavatas）。nāmadheyaṃ：nāma-dheya，“名號”，中單對（nāmadheyam）。parikīrtayeyur：pari-kīrt- X.，“宣告”，現在，願望，複三，爲他（parikīrtayeyus；末尾的 s 後接鼻輔音，變 r）。

文句語譯：

世尊啊！假若我證得菩提之後，而在無量佛國土裡的無數諸佛，有不宣告世尊（我，下同）的名號的，

> na varṇaṃ bhāṣeran, na praśaṃsām abhyudīrayeyur, na samudīrayeyur, mā tāvad aham anuttarāṃ samyaksaṃbodhim abhisaṃbudhyeyam

語句解釋：

na varṇaṃ bhāṣeran：“不讚歎”。» varṇaṃ：varṇa，“讚歎”，男單對（varṇam）。bhāṣeran：bhāṣ- I.，“說”，現在，願望，複三，爲自。na praśaṃsām abhyudīrayeyur：“不宣揚名聲”。» praśaṃsām：praśaṃsā，“名聲”，女單對。abhyudīrayeyur：abhi-ud-īr- II.，“宣揚”，現在，願望，複三，爲他，使役（abhyudīrayeyus；末尾的 s 後接鼻輔音，變 r）。na samudīrayeyur：“不發出(聲音)”。» samudīrayeyur：sam-ud-īr- II.，“發出（聲音），作聲”，現在，願望，複三，爲他，使役（samudīrayeyus；末尾的 s 後接鼻輔音，變 r）。mā：品，“勿...，不...”（接下文 abhisaṃbudhyeyam→mā abhisaṃbudhyeyam）。tāvad：tāvat，副，“確實”。aham：mad，人代，“我”，單主。anuttarāṃ：anuttara，形，“無上”，女單對。samyaksaṃbodhim：samyak-sambodhi，“正覺”，女單對（anuttarām）。abhisaṃbudhyeyam：abhi-sam-budh- IV.，“獲得完全覺悟”，現在，願望，單一，爲他。

文句語譯：

不讚歎、不讚揚（世尊的）名聲的、不宣說出來的，那時，我決不取無上正覺。

* 此爲諸佛稱揚願。

18. sacen me bhagavan bodhiprāptasya, ye sattvā anyeṣu lokadhātuṣv anuttarāyāḥ samyaksaṃbodheś cittam utpādya,

語句解釋：

sacen me bhagavan：“世尊啊！假若我...”。» sacen：sacet，連，“假若”（末尾的 t 後接鼻輔音，變 n）。me：mad，人代，“我”，單屬。bhagavan：bhagavat，“世尊”，男單呼。bodhiprāptasya：bodhi-prāptasya，“獲得菩提”。» bodhi：“開悟，菩提”，女。prāptasya：prāpta，pra-āp-V.，“到達，獲得”，過被分，男單屬。ye：yad，關代，“誰，何”，男複主。sattvā：sattva，“眾生”，男複主（sattvās；ās 後接元音，變 ā）。anyeṣu：anya，代形，“其他”，男複位。lokadhātuṣv：lokadhātu，“世界”，男複位（lokadhātuṣu；末尾的 u 後接異類元音，變成 v）。anuttarāyāḥ：anuttara，形，“無上”，女單屬（anuttarāyās）。samyaksaṃbodheś：samyak-sambodhi，“正覺”，女單屬（samyaksaṃbodhes；末尾的 s 後接硬腭輔音 c，變成 ś）。cittam：citta，“心”，中單對。utpādya：ud-pad- IV.，使役動名，“現起，生起”。

文句語譯：

世尊啊！假若我證得菩提後，那些在其他世界的眾生，生起了無上正覺心，

mama nāmadheyaṃ śrutvā, prasannacittā mām anusmareyus, teṣāṃ ced ahaṃ maraṇakālasamaye pratyupasthite bhikṣusaṃgha-parivṛtaḥ puraskṛto na puratas tiṣṭheyam, yad idaṃ; cittā-vikṣepatāyai, mā tāvad aham anuttarāṃ samyaksaṃbodhim abhisaṃbudhyeyam

語句解釋：

mama：mad，人代，“我”，單屬。**nāmadheyaṃ**：nāmadheya，“名號”，中單對（nāmadheyam）。**śrutvā**：śru- V. 動名，“聽到”。**prasannacittā**：prasanna-citta，“澄明之心”，男複主（prasanna-cittās）。» prasanna：形，“明亮，純淨”。citta：形，“認知，思量”。**māṃ**：mad，人代，“我”，單對。**anusmareyus**：anu-smṛ- I.，“憶念”，現在，願望，複三，爲他（願望法表示可能性）。**teṣāṃ**：tad，人代，“他們”，男複屬（teṣām）。**ced**：副，“假如，當...之時”。**ahaṃ**：mad，人代，“我”，單主（aham）。**maraṇakālasamaye**：maraṇakāla-samaye，“臨終時的一刻”。» maraṇa：“死”，中。kāla：“時（指一段時間）”，男。samaye：samaya，“時，一刻”，男單位。**pratyupasthite**：pratyupasthita，prati-upa-sthā- I.，“接近，到了”，過被分，男單位。**bhikṣusaṃgha-parivṛtaḥ**：bhikṣusaṃgha-parivṛta，“被僧眾圍繞”。» bhikṣu-saṃgha：“僧眾”，男（saṃgha = saṅgha）。parivṛta：pari-vṛ- V.，“被圍繞”，過被分，男單主（parivṛtas）。**puraskṛto**：puras-kṛta，形，“被尊敬”，男單主（puraskṛtas）。» puras：不變化，“前面”。**puratas**：副，“前面”。**tiṣṭheyam**：sthā- I.，“站立”，現在，願望，單一，爲他。**yad idaṃ**：“即是，that is”，（yad idam）。**cittā-vikṣepatāyai**：citta-avikṣepatāyai，“心不散亂”。» citta：“心”，中。avikṣepatāyai：avikṣepatā，“（心）不散亂”，女單爲。**mā**：

品“勿...，不...”（接下文 abhisaṃbudhyeyam → mā abhisaṃbudhyeyam）。tāvad：tāvat，副，“確實”。aham：mad，人代，“我”，單主，。anuttarāṃ：anuttara，形，“無上”，女單對（anuttarām）。samyaksaṃbodhim：samyak-sambodhi，“正覺”，女單對。abhisaṃbudhyeyam：abhi-sam-budh- IV.，“獲得完全覺悟”，現在，願望，單一，爲他。

文句語譯：

聽到我的名號後，他們的澄淨之心應該憶念我；假如到了他們臨終之際，我不被僧眾圍繞禮敬、不在（他們的）面前出現 — 這是爲了讓他們的心（在面對死亡時）不會散亂—那麼，那時，我就不取無上正覺。

＊此爲來迎接引願。意思是說：阿彌陀佛成佛之時，十方種種機類之眾生，應誠心發願，仗著堅定信念求生淨土。這樣的人在臨終時，阿彌陀佛會在許多聖眾圍繞中，現身於此人面前，接引到他國土。如非這樣，阿彌陀佛就不取正覺。

19. sacen me bhagavan bodhiprāptasyāprameyāsaṃkhyeyesu buddhakṣetreṣu ye sattvā mama nāmadheyaṃ śrutvā, tatra buddhakṣetre cittaṃ preṣayeyur, upapattaye kuśalamūlāni ca pariṇāmayeyus,

語句解釋：

sacen me bhagavan：“世尊啊！假若我...”。bodhiprāptasyāprameyāsaṃkhyeyesu：bodhiprāptasya-aprameya-asaṃkhyeyesu，“得菩提後，在無量無數的...”。» bodhi-prāptasya，“獲得菩提”。→ bodhi：“開悟，菩提”，女。prāptasya：prāpta，pra-āp- V.，“到達，獲得”過被分，男單屬。aprameya：形，“無量”。asaṃkhyeyesu：asaṃkhyeya，形，“無數”，中複位。buddhakṣetreṣu：buddha-kṣetra，“佛國土”，中複位。ye：yad，關代，“誰，何”，男複主。sattvā：sattva，“眾生”，男複主（sattvās）。mama：mad，人代，“我的”，單屬。nāmadheyaṃ：nāma-dheya，“名號”，中單對（nāmadheyam）。śrutvā：śru- V.，動名，“聽到”。tatra：副，“那裡”。buddhakṣetre：buddha-kṣetra，“佛國土”，中單位。cittaṃ：citta，“心”，中單對（cittam）。preṣayeyur：preṣ- IV.，“迴向”（cf. BHS Dict. , p.395），現在，願望，複三，爲他（preṣayeyus；末尾的 s 後接元音，變 r）。upapattaye：upapatti，“出生”，女單爲。kuśalamūlāni：kuśala-mūlāni，“善根”。» kuśala：“善”，中。mūlāni：mūla，“根”，中複對。pariṇāmayeyus：pari-nam- I.，“成熟”，現在，願望，複三，爲他，使役。

文句語譯：

世尊啊！假若我得菩提，在無量無數佛國土的眾生，聽到我的名號後，應發心迴向那佛國土，並因爲出生（於佛國土），而應善根成熟；

te ca tatra buddhakṣetre nopapadyeran, antaśo daśabhiś cittotpādaparivartaiḥ sthāpayitvānantaryakāriṇaḥ saddharmapratikṣepāvaraṇāvṛtāṃś ca sattvān, mā tāvad aham anuttarāṃ samyaksaṃbodhim abhisaṃbudhyeyam

語句解釋：

te：tad，人代，"他們"，男複主。tatra：副，"那裡"。buddhakṣetre：buddha-kṣetra，"佛國土"，中單位。nopapadyeran：na-upapadyeran，"不轉生"。» upapadyeran：upa-pad- IV.，"轉生"，現在，願望，複三，爲自。antaśo：副，antaśas，"和…一樣（甚至）"。daśabhiś cittotpādaparivartaiḥ：daśabhiś citta-utpāda-parivartaiḥ，"十遍起心"。» daśabhiś：daśa，基數，"十"，男具。citta-utpāda："起心（欲往生淨土的心）"。→utpāda："出現，生起"，男。parivartaiḥ：parivarta，"遍"，男複具（parivartais）。sthāpayitvānantaryakāriṇaḥ：sthāpayitvā-ānantarya-kāriṇaḥ，"除作無間業外"。» sthāpayitvā：sthā- I. 使役動名，"除…以外"。ānantarya："無間斷，連續的"，中。kāriṇaḥ：kārin，形，"所作的（事），業"（置於複合名詞之末），男複對（kāriṇas）。saddharmapratikṣepāvaraṇāvṛtāṃś ca：saddharma-pratikṣepa-āvaraṇa-āvṛtāṃś ca，"和受誹謗正法的障礙所覆蓋的"。» saddharma：sad-dharma，"正法，妙法"，男。pratikṣepa："誹謗"，男。āvaraṇa："障礙"，中。āvṛtāṃś：āvṛta，ā-vṛ- V.，"覆蓋"，過被分，男複對（āvṛtān；末尾的 n 後接硬腭輔音 c，變成 ṃś）。sattvān：sattva，"眾

生”，男複對。mā：品，“勿…，不…”（接下文 abhisaṃbudhyeyam → mā abhisaṃbudhyeyam）。tāvad：tāvat，副，“確實”。aham：mad，人代，“我”，單主。anuttarāṃ：anuttara，形，“無上”，女單對（anuttarām）。samyaksaṃbodhim：samyak-sambodhi，“正覺”，女單對。abhisaṃbudhyeyam：abhi-sam-budh- IV.，“獲得完全覺悟”，現在，願望，單一，為他。

文句語譯：

如果他們（仍然）不能轉生於佛國土，即使（他們）已十次起（往生淨土的自力）心 —— 除了犯下無間罪孽，和因為誹謗正法的業障而（其心）被覆蔽的眾生外 —— 那麼，我就不取無上正覺。

20. sacen me bhagavan bodhiprāptasya, tatra buddhakṣetre bodhisattvāḥ pratyājāyeran,

語句解釋：

sacen me bhagavan：“世尊啊！假若我…”。» sacen：sacet，連，“假若”（末尾的 t 後接鼻輔音，變 n）。me：mad，人代，“我”，單屬。bhagavan：bhagavat，“世尊”，男單呼。bodhiprāptasya：bodhi-prāptasya，“獲得菩提”。» bodhi：“開悟，菩提”，女。prāptasya：prāpta，pra-āp-V.“到達，獲得”，過被分，男單屬。tatra：“那裡”，副。buddhakṣetre：buddha-kṣetra，“佛國土”，中單位。

bodhisattvāḥ：bodhisattva，“菩提薩埵”，男複主（bodhisattvās）。pratyājāyeran：prati-ā-jan- IV.，“出生”，現在，願望，複三，爲自。

文句語譯：

世尊啊！假若我證得菩提，一眾菩薩，應出生於那佛國土，

> te sarve na dvātriṃśatā mahāpuruṣa-lakṣaṇaiḥ samanvāgatā bhaveyur, mā tāvad aham anuttarāṃ samyaksaṃbodhim abhisaṃbudhyeyam

語句解釋：

te sarve：tad-sarva，“他們所有”，男複主。dvātriṃśatā：dvā-triṃśat，基數，“三十二”，女單具。mahāpuruṣa-lakṣaṇaiḥ：“大人相（偉大人物的形相）”» mahā-puruṣa：“大人”，男。lakṣaṇaiḥ：lakṣaṇa，“特徵，相”，中複具（lakṣaṇais）。samanvāgatā：samanvāgata，形，“伴隨...，具備...”，男複主（samanvāgatās）。bhaveyur：bhū- I.，“成爲”，現在，願望，複三，爲他（bhaveyus；末尾的 s 後接鼻輔音，變 r）。mā：品，“勿...，不...”（接下文 abhisaṃbudhyeyam → mā abhisaṃbudhyeyam）。tāvad：tāvat，副，“確實”。aham：mad，人代，“我”，單主。anuttarāṃ：anuttara，形，“無上”，女單對（anuttarām）。samyaksaṃbodhim：samyak-sambodhi，“正覺”，女單對。abhisaṃbudhyeyam：abhi-sam-budh- IV.，“獲得完全覺

悟”，現在，願望，單一，爲他，使役。

文句語譯

他們所有人，如不具足三十二種大人相，那時，我就不取無上正覺。

*此爲三十二相願。

四、阿彌陀經

（smaller）Sukhāvatīvyūha

四、阿彌陀經

(smaller) Sukhāvatīvyūha

解　題

《阿彌陀經》，梵本末尾題爲 Sukhāvatīvyūho Nāma Mahāyānasūtraṃ(《名爲極樂莊嚴的大乘經》)，藏譯本則作《名爲聖極樂莊嚴的大乘經》。一般稱本經作《小經》，以跟《大經》(《無量壽經》) 相對。

本經成立於公元一世紀左右，約莫在《大經》的原型之後，是中國佛教淨土宗所依據的三部經典之一，主要內容爲介紹西方極樂世界的奇異美妙及阿彌陀佛的不可思議功德，認爲人們只要一心念誦阿彌陀佛的名號，誠摯地讚嘆佛德，便可往生到西方極樂世界，享受無量的福報。

漢譯本方面，有 402 年前後鳩摩羅什譯出的《佛說阿彌陀經》(《大正藏》冊十二)，以及 650 年玄奘翻譯的《稱讚淨土佛攝受經》，但以什譯簡潔流麗，流布最廣。

1879-83 年，Max Müller 得南條文雄等的協助，校訂了日本傳來的《無量壽經》四種梵本，同時參照了尼泊爾本，刊行牛津本（參考《無量壽經》解題部分），此亦包含了《阿彌陀經》的梵文本。1966 年出版了南條文雄的《梵文和譯佛說無量壽經．阿彌陀經》。日本學者在牛津本的基礎上，進行了進一步的翻譯和研究，例如，荻原雲來的《梵藏和英合璧淨土三部經》(1930)、宇津木二秀參照梵藏本，將什譯翻成英語本 *Buddha-bhāṣita-Amitāyuḥ-sūtra* (1941)。寺本婉雅、河口慧海、青木文教、月輪賢隆等，完成了藏文本的日譯。

本篇選文，是節錄自荻原雲來《梵藏和合璧淨土三部經》的第二至四、八至九章。選文中的數字編號由筆者添加。

選 文

1. tatra khalu bhagavān āyuṣmaṃtaṃ Śāriputram āmaṃtrayati sma

2. asti Śāriputra paścime digbhāga ito buddhakṣetrāt* koṭiśatasahasraṃ buddhakṣetrāṇām atikramya Sukhāvatī nāma lokadhātuḥ

3. tatrāmitāyur nāma tathāgato 'rhan samyaksaṃbuddha etarhi tiṣṭhati dhriyate yāpayati dharmaṃ ca deśayati

4. tat kiṃ manyase Śāriputra kena kāraṇena sā lokadhātuḥ Sukhāvatīty ucyate

5. tatra khalu punaḥ Śāriputra Sukhāvatyāṃ lokadhātau nāsti sattvānāṃ kāyaduḥkhaṃ na cittaduḥkhaṃ apramāṇāny eva sukhakāraṇāni

6. tena kāraṇena sā lokadhātuḥ Sukhāvatīty ucyate

（第二章）

7. punar aparaṃ Śāriputra Sukhāvatī lokadhātuḥ saptabhir vedikābhiḥ saptabhis tālapaṃktibhiḥ kiṃkiṇījālaiś ca samalaṃkṛtā samaṃtato 'nuparikṣiptā citrā darśanīyā caturṇāṃ ratnānāṃ

8. tad yathā suvarṇasya rūpyasya vaiḍūryasya sphaṭikasya

9. evaṃrūpaiḥ Śāriputra buddhakṣetraguṇavyūhaiḥ samalaṃkṛtaṃ tad buddhakṣetram

（第三章）

10. punar aparam Śāriputra Sukhāvatyāṃ lokadhātau saptaratnamayaḥ puṣkariṇyaḥ

11. tadyathā suvarṇasya rūpyasya vaiḍūryasya sphaṭikasya lohitamuktasyāśmagarbhasya musāragalvasya saptamasya ratnasya

12. aṣṭāṃgopetavāriparipūrṇāḥ samatīrthakāḥ kākapeyā suvarṇavālukāsaṃstṛtāḥ

13. tāsu ca puṣkariṇīṣu samaṃtāc caturdiśaṃ catvāri

sopānāni citrāṇi darśanīyāni caturṇāṃ ratnānāṃ

14. tadyathā suvarṇasya rūpyasya vaiḍūryasya sphaṭikasya

15. tāsāṃ ca puṣkariṇīnāṃ samaṃtād ratnavṛkṣā jātāś citrā darśanīyā saptānāṃ ratnānām

16. tadyathā suvarṇasya rūpyasya vaiḍūryasya sphaṭikasya lohitamuktasyāśmagarbhasya musāragalvasya saptamasya ratnasya

17. tāsu ca puṣkariṇīṣu saṃti padmāni jātāni nīlāni nīlavarṇāni nīlanirbhāsāni nīlanidarśanāni

18. pītāni pītavarṇāni pītanirbhāsāni pītanidarśanāni

19. lohitāni lohitanirbhāsāni lohitanidarśanāni

20. avadātāny avadātavarṇāny avadātanirbhāsāny avadātanidarśanāni

21. citrāṇi citravarṇāni citranirbhāsāni citranidarśanāni śakaṭacakrapramāṇapariṇāhāni

22. evaṃrūpaiḥ Śāriputra buddhakṣetraguṇavyūhaiḥ

samalaṃkṛtaṃ tad buddhakṣetraṃ

（第四章）

（中略）

23. tat kiṃ manyase Śāriputra kena kāraṇena sa tathāgato 'mitāyur nāmocyate

24. tasya khalu punaḥ Śāriputra tathāgatasya teṣāṃ ca manuṣyāṇām aparimitam āyuḥpramāṇaṃ

25. tena kāraṇena sa tathāgato 'mitāyur nāmocyate

26. tasya ca Śāriputra tathāgatasya daśa kalpā anuttarāṃ samyaksaṃbodhim abhisaṃbuddhasya

（第八章）

27. tat kiṃ manyase Śāriputra kena kāraṇena sa tathāgato 'mitābho nāmocyate

28. tasya khalu punaḥ Śāriputra tathāgatasyābhāpratihatā sarvabuddhaksetreṣu

29. tena kāraṇena sa tathāgato 'mitābho nāmocyate

30. tasya ca Śāriputra tathāgatasyāprameyaḥ śrāvakasaṃgho

yeṣāṃ na sukaraṃ pramāṇam ākhyātuṃ śuddhānāṃ arhatāṃ

31. evaṃrūpaiḥ Śāriputra buddhakṣetraguṇavyūhaiḥ samalaṃkṛtaṃ tad buddhakṣetraṃ
（第九章）

* 荻原本原爲 buddhakṣetraṃ，現據藤田宏達本改爲 buddhakṣetrāt，參照氏著書頁 234 注釋。

釋 義

1. tatra khalu bhagavān āyuṣmaṃtaṃ Śāriputram āmaṃtrayati sma

語句解釋：

tatra：副，“在那裡”。khalu：副，“確實，現正”。bhagavān：bhagavat，“世尊”，男單主。āyuṣmaṃtaṃ：āyuṣmat，“長老”，男單對（āyuṣmantam）。Śāriputram：Śāriputra，“舍利弗”，男單對。āmaṃtrayati sma：ā-mantr- X.，“告訴”，現在，直陳，單三，爲他（現在時態與小品詞 sma 並用，表示過去時態）。

文句語譯：

當時在那裡，世尊告訴舍利弗長者：

2. asti Śāriputra paścime digbhāga ito buddhakṣetrāt koṭiśatasahasraṃ buddhakṣetrāṇām atikramya Sukhāvatī nāma lokadhātuḥ

語句解釋：

asti：as- II.，“有，存在”，現在，直陳，單三，爲他。Śāriputra：Śāriputra，“舍利弗啊”，男單呼。paścime：paścima，形，“西方的”，男單位。digbhāga：dik-bhāga，“（該）方向之地”» dik：diś，“方向，方位”，女。bhāga：bhāga，“部

份，地域”，男單位（bhāge；在 a 以外的元音前，末尾的 e 變爲 a）。ito：itas，副，“由此”。buddhakṣetrāt：buddha-kṣetra，“佛國，佛土”，中單從。koṭiśatasahasraṃ：koṭi-śata-sahasra，“百千俱胝”，中單對（koṭiśatasahasram）。» koṭi：“俱胝，千萬”，女。śata：基數，“百”，中。sahasra：基數，“千”，中。buddhakṣetrāṇām：buddhakṣetra，“佛國土”，中複屬。atikramya：ati-kram- I.，動名，“越過”。Sukhāvatī：Sukhāvatī，“極樂”，女單主。nāma：副，“稱爲”。lokadhātuḥ：lokadhātu，“世界”，女單主（佛教梵文：名詞的 gender 往往會由男性變成女性；BHS Gram. , 6.1& 6.2, p.39）。

文句語譯：

舍利弗啊！從此佛國土的西方之地，過百千俱胝佛國土，有一世界，名爲極樂。

3. tatrāmitāyur nāma tathāgato 'rhan samyaksaṃbuddha etarhi tiṣṭhati dhriyate yāpayati dharmaṃ ca deśayati

語句解釋：

tatrāmitāyur：tatra-amitāyur。» tatra：副，“在那裡”。amitāyur：Amitāyus，“無量壽（佛），阿彌陀（佛）”，男單主（末尾的 s 後接鼻輔音，變 n）。nāma：副，“稱爲”。tathāgato 'rhan：tathāgatas arhan。» tathāgatas：tathāgata，“如來”，男單主。arhan：arhat，“阿羅漢”，男單主。

samyaksaṃbuddha：samyak-saṃbuddha，“正覺者”，男單主（samyak-saṃbuddhas）。**etarhi**：副，“今，現在”。**tiṣṭhati**：sthā- I.，“安住”，現在，直陳，單三，爲他。**dhriyate**：dhṛ- I.，“保持，生存”，現在，直陳，單三，被動。**yāpayati**：yā- II.，“過日子，生活”，現在，直陳，單三，爲他，使役。**dharmaṃ**：dharma，“法”，男單對（dharmam）。**deśayati**：diś- VI.，“教導，指示”，現在，直陳，單三，爲他，使役。

文句語譯：

在那裡，有一位名爲無量壽的如來、阿羅漢、正等覺者，目前（在該處）安住、生活、度日，並且敷演教法。

4. tat kiṃ manyase Śāriputra kena kāraṇena sā lokadhātuḥ Sukhāvatīty ucyate

語句解釋：

tat kiṃ：tat kim，“是什麼？what is that?”。**manyase**：man- IV.，“思考，想”，現在，直陳，單二，爲自。**Śāriputra**：Śāriputra，“舍利弗啊”，男單呼。**kena**：kim，疑代，“什麼”，中單具。**kāraṇena**：kāraṇa，“理由，原因”，中單具。**sā**：tad，指代，“那，彼”，女單主。**lokadhātuḥ**：lokadhātu，“世界”，女單主（lokadhātus）。**Sukhāvatīty**：Sukhāvatī-iti。» Sukhāvatī，“極樂”，女單主。iti：副，與各種引語連用，起引號的作用（末尾的 i 後接異類元音，變爲 y）。**ucyate**：vac- II.，“說”，現在，直陳，單三，被動。

文句語譯：

舍利弗啊！你認爲是甚麼呢？以何理由，那個世界被稱爲「極樂」呢？

5. tatra khalu punaḥ Śāriputra Sukhāvatyāṃ lokadhātau nāsti sattvānāṃ kāyaduḥkhaṃ na cittaduḥkhaṃ apramāṇāny eva sukhakāraṇāni

語句解釋：

tatra khalu：tatra khalu，“在那裡，的確”。punaḥ：punar，副，“並且，再者”（末尾的 r 後接噝音 ś，變 ḥ）。Śāriputra：Śāriputra，“舍利弗啊”，男單呼。Sukhāvatyāṃ：Sukhāvatī，“極樂”，女單位（Sukhāvatyām）。lokadhātau：lokadhātu，“世界”，女單位。nāsti：na-asti，“不存在，沒有”。sattvānāṃ：sattva，“眾生”，男/中複屬（sattvānām）。kāyaduḥkhaṃ：kāya-duḥkha，“身體之苦”。» kāya：“身體”，男。duḥkha：“苦”，中單主（duḥkham）。cittaduḥkhaṃ：citta-duḥkhaṃ，“心的痛苦”，中單主（citta-duḥkham）。» citta：“心”，中。apramāṇāny：a-pramāṇa，“無量”，中複主（apramāṇāni；i 後接異類元音，變爲 y）。eva：副，“唯有”。sukhakāraṇāni：sukha-kāraṇāni，“快樂的源頭”，中複主。» sukha：“快樂”，中。

文句語譯：

並且，舍利弗啊！在那極樂世界裡，眾生皆無身體之苦，也沒有心靈的痛苦，唯有無數快樂的泉源。

6. tena kāraṇena sā lokadhātuḥ Sukhāvatīty ucyate

語句解釋：

tena kāraṇena：“因此之故”。» tena：tad，指代，“那”，中單具。kāraṇena：kāraṇa，“理由，原因”，中單具。sā：tad，指代“那，彼”，女單主。lokadhātuḥ：lokadhātu，“世界”，女單主（lokadhātus）。Sukhāvatīty：Sukhāvatī-iti。ucyate：vac- II.，“說”，現在，直陳，單三，被動。

文句語譯：

因此之故，那個世界被稱爲「極樂」。

7. punar aparaṃ Śāriputra Sukhāvatī lokadhātuḥ saptabhir vedikābhiḥ saptabhis tālapaṃktibhiḥ kiṃkiṇījālaiś ca samalaṃkṛtā samaṃtato 'nuparikṣiptā citrā darśanīyā caturṇāṃ ratnānāṃ

語句解釋：

aparaṃ：aparam，副，“而且”。saptabhir：sapta，基數，“七”，複具（saptabhis。注意：數詞 5,7,8,9,10,11-19，沒有性別之分）。vedikābhiḥ：vedikā，“欄楯”，女複具（vedikābhis）。tālapaṃktibhiḥ：tāla-paṅkti，“多羅樹行列”。» tāla：“多羅樹”，男。paṅkti：“行列”，女複具

（paṅktibhis）。kiṃkiṇījālaiś：kiṃkiṇījāla，“鈴網”。» kiṅkiṇī：“鈴”，女。jāla：“網”，中複具（jālais；末尾的 s 後接硬腭輔音 c，變 ś）。samalaṃkṛtā：samalaṃkṛta，形，“被裝飾”，女單主。samaṃtato：samantatas，副，“周匝”。'nuparikṣiptā：anuparikṣipta，形，“被圍繞”，女單主。citrā：citra，形，“色彩斑斕”，女單主。darśanīyā：darśanīya，形，“壯觀”，女單主。caturṇāṃ：catur，基數，“四”，中複屬（caturṇām）。ratnānāṃ：ratna，“寶石”，中複屬（ratnānām，屬格表示所用的物料。）

文句語譯：

還有，舍利弗啊！極樂世界是以七重欄楯，七重多羅樹行列和鈴網作裝飾，周圍被四種寶石環繞，色彩斑斕，美麗壯觀；

8. tad-yathā suvarṇasya rūpyasya vaiḍūryasya sphaṭikasya

語句解釋：

tad-yathā：“也就是，namely”。suvarṇasya：suvarṇa，“黃金”，中單屬。rūpyasya：rūpya，“銀”，中單屬。vaiḍūryasya：vaiḍūrya，“琉璃”，中單屬。sphaṭikasya：sphaṭika，“水晶”，男單屬。

文句語譯：

（這四種寶石）就是金、銀、琉璃、水晶。

9. evaṃrūpaiḥ Śāriputra buddhakṣetraguṇavyūhaiḥ samalaṃkṛtaṃ tad buddhakṣetram

語句解釋：

evaṃrūpaiḥ：evaṃrūpa，形，“如是”，男複具（evaṃrūpais）。buddhakṣetraguṇavyūhaiḥ：buddhakṣetra-guṇa-vyūha，“佛國土的功德莊嚴”。» guṇa：“功德”，男。vyūha：“配置，排列”，男複具（vyūhais）。samalaṃkṛtaṃ：samalaṃkṛta，“被裝飾”，中單主（samalaṃkṛtam）。tad buddhakṣetram：“彼佛國土”，buddhakṣetra，中單主。

文句語譯：

舍利弗啊！那佛國土，就是以這樣的佛國土的功德莊嚴來裝飾的。

10. punar aparam Śāriputra Sukhāvatyāṃ lokadhātau saptaratnamayaḥ puṣkariṇyaḥ

語句解釋：

aparam：副，“還有”。Sukhāvatyāṃ：Sukhāvatī，“極樂”，女單位（Sukhāvatyām）。lokadhātau：lokadhātu，“世界”，女單位。saptaratnamayaḥ：sapta-ratna-maya，“以七寶造的”，男單*主。» -maya：形，“以...造的”。puṣkariṇyaḥ：puṣkariṇī，“蓮池”，女複主。

*sapta-ratna-maya 是形容蓮池的，本應與 puṣkariṇī 的性數格

相應，同為女複主，不過，佛教梵文有以單數代替複數的習慣（BHS Gram. , 5.1, p.38），此外，複數名詞或形容詞的原來性別，亦偶然會發生轉變（BHS Gram. , 6.4, p.39）。

文句語譯：

另外，舍利弗啊！極樂世界裡有各樣用七寶修砌的蓮池，

11. tadyathā suvarṇasya rūpyasya vaiḍūryasya sphaṭikasya lohitamuktasyāśmagarbhasya musāragalvasya saptamasya ratnasya

語句解釋：

lohitamuktasyāśmagarbhasya：lohitamuktasya-aśmagarbhasya，“赤珍珠和瑪瑙”。» lohitamuktā：“赤珍珠”，女；lohitamuktasya：男*單屬（*以男性代替女性變化，見第 10 偈的註解）。aśmagarbhasya：aśmagarbha，“綠寶石，翡翠”，男/中單屬。musāragalvasya：musāragalva，“珊瑚，綠寶石”，男單屬。saptamasya：saptama，序數，“第七”，中單屬。ratnasya：ratna，“寶石”，中**單屬（**佛教梵文中，ratna 亦有男性變化，BHS Gram. , 6.10, p.39）。

文句語譯：

也就是：黃金、銀、琉璃、水晶、赤珍珠、綠寶石，和第七種寶石珊瑚，

12. aṣṭāṃgopetavāriparipūrṇāḥ samatīrthakāḥ kākapeyā suvarṇavālukāsaṃstṛtāḥ

語句解釋：

aṣṭāṃgopetavāriparipūrṇāḥ：aṣṭa-aṅga-upeta-vāri-paripūrṇāḥ，"充滿了具有八種特性的水"。» aṣṭa：基數，"八"。aṅga："特性"，中。upeta：形，"具備，得到"。vāri："水"，中。paripūrṇāḥ：paripūrṇa，pari-pṛ- IX.，"充滿"，過被分，女複主（paripūrṇās）。samatīrthakāḥ：samatīrthaka，形，"水和岸同一水平"，女複主。kākapeyā：kāka-peya，形，"烏鴉可喝的"，女複主（kāka-peyās）。» kāka："烏鴉"，男。peya：形，"可喝的，被喝／大口的喝"。suvarṇavālukāsaṃstṛtāḥ：suvarṇa-vālukā-saṃstṛta，"鋪滿金砂"，女複主（suvarṇavālukāsaṃstṛtās）。» suvarṇa："黃金"，中。vālukā："砂"，女。saṃstṛta：形，"鋪滿"。

文句語譯：

（這些蓮池裡）充滿了具有八種特性的水，滿溢到與岸邊一樣高，（連）烏鴉（也）可來喝一口；（蓮池裡）鋪滿了金砂，

13. tāsu ca puṣkariṇīṣu samaṃtāc caturdiśaṃ catvāri sopānāni citrāṇi darśanīyāni caturṇāṃ ratnānāṃ

語句解釋：

tāsu ca："而在那些"。» tāsu：tad，指代，"在那些"，

女複位。puṣkariṇīṣu：puṣkariṇī，“蓮池”，女複位。samaṃtāc：samantāt，副，“周圍”（末尾的 t 被後續的 c 同化）。caturdiśaṃ：catur-diś，“四方”，女單對（caturdiśam）。catvāri：catur，基數，“四”，中主。sopānāni：sopāna，“梯級，台階”，中複主。citrāṇi：citra，形，“色彩斑斕”，中複主。darśanīyāni：darśanīya，形，“壯觀，好看”，中複主。caturṇāṃ：catur，基數，“四”，中屬。ratnānām：ratna，“寶石”，中複屬。

文句語譯：

而那些蓮池的周圍四方，都有四重台階，光彩奪目，宏偉壯觀，都是用四種寶石（來建造的），

14. tadyathā suvarṇasya rūpyasya vaiḍūryasya sphaṭikasya

文句語譯：

就是黃金、銀、琉璃、水晶。（*語句解釋參看第 8 條）

15. tāsāṃ ca puṣkariṇīnāṃ samaṃtād ratnavṛkṣā jātāś citrā darśanīyā saptānāṃ ratnānām

語句解釋：

tāsāṃ ca：“而那些”。» tāsāṃ：tad，指代，“那些”，女複屬（tāsām）。puṣkariṇīnāṃ：puṣkariṇī，“蓮池”，女複屬。samaṃtād：samantāt，副，“周圍”（末尾的 t 受後續的 r

同化為有聲輔音)。**ratnavṛkṣā**：ratna-vṛkṣa，"寶樹"，男複主(ratna-vṛkṣās)。**jātāś**：jāta，jan- IV.，"長出，出現"，過被分，男複主(jātās；末尾的 s 受硬腭輔音 c 影響，變為 ś)。**citrā**：citra，形，"色彩斑斕"，男複主(citrās)。**darśanīyā**：darśanīya，形，"壯觀，好看"，男複主(darśanīyās；darśanīyās 後接 s 開頭的詞，外連聲變化應為 darśanīyāḥ，但佛教梵文的男複主有時會以-ā 為語尾；BHS Gram., 8.78, p.55)。**saptānāṃ**：sapta，"七"，複屬(saptānām)。**ratnānām**：ratna，"寶石"，中複屬。

文句語譯：

而那些蓮池的周圍，長出各種寶樹，璀璨壯觀，以七種寶石(造成)，

16. tadyathā suvarṇasya rūpyasya vaiḍūryasya sphaṭikasya lohitamuktasyāśmagarbhasya musāragalvasya saptamasya ratnasya

文句語譯：

也就是：黃金、銀、琉璃、水晶、赤珍珠、綠寶石，和第七種寶石珊瑚，

(*語句解釋參看第 11 條)

17. tāsu ca puṣkariṇīṣu saṃti padmāni jātāni nīlāni nīlavarṇāni nīlanirbhāsāni nīlanidarśanāni

語句解釋：

tāsu ca：“而在那些”。» tāsu：tad，指代，“在那些”，女複位。puṣkariṇīṣu：puṣkariṇī，“蓮池”，女複位。saṃti：as- II.，“存在，有”，現在，直陳，複三，爲他（santi）。padmāni：padma，“蓮花”，中複主。jātāni：jāta，jan- IV.，“長出，出現”，過被分，中複主。nīlāni：nīla，形，“青”，中複主。nīlavarṇāni：nīla-varṇa，“青色”，中複主。» varṇa：“顏色”，男。nīlanirbhāsāni：nīla-nirbhāsa，“青光”，中複主。» nirbhāsa：“外觀，光芒”，男。nīlanidarśanāni：nīla-nidarśana，“青色的相狀”，中複主。» nidarśana：“外觀，展示”，中。

文句語譯：

而在那些蓮池裡，生出朵朵蓮花：青（蓮）是青色的，發出青光，看起來是青色的；

18. pītāni pītavarṇāni pītanirbhāsāni pītanidarśanāni

語句解釋：

pītāni：pīta，形，“黃”，中複主。pītavarṇāni：pīta-varṇāni，“黃色”，中複主。» varṇa：“顏色”，男。pītanirbhāsāni：pīta-nirbhāsa，“黃光”，中複主。» nirbhāsa：“外觀，光芒”，男。pītanidarśanāni：pīta-nidarśana，“黃色的相狀”，中複主。» nidarśana：“外觀，展示”，中。

文句語譯：

黃（蓮）是黃色的，發出黃光，看起來是黃色的；

19. lohitāni lohitanirbhāsāni lohitanidarśanāni

語句解釋：

lohitāni：lohita，形，“紅”，中複主。lohitanirbhāsāni：lohita-nirbhāsa，“紅光”，中複主。» nirbhāsa：“外觀，光芒”，男。lohitanidarśanāni：lohita-nidarśana，“紅色之相狀”，中複主。» nidarśana：“外觀，展示”，中。

文句語譯：

紅（蓮）發出紅光，看起來是紅色的；

20. avadātāny avadātavarṇāny avadātanirbhāsāny avadātanidarśanāni

語句解釋：

avadātāny：avadāta，形“清淨，純白”，中複主（avadātāni；末尾的 i 後接異類元音，變爲 y，下同）。avadātavarṇāny：avadāta-varṇa，“白色”，中複主（avadāta- varṇāni）。avadātanirbhāsāny：avadāta-nirbhāsa，“白光”，中複主（avadāta-nirbhāsāni）。avadātanidarśanāni：avadāta-nidarśana，“白色的相狀”，中複主。

文句語譯：

白（蓮）是白色的，發出白光，看起來是白色的；

21. citrāṇi citravarṇāni citranirbhāsāni citranidarśanāni śakaṭacakrapramāṇapariṇāhāni

語句解釋：

citrāṇi：citra，形，"色彩斑斕，彩色"，中複主。citravarṇāni：citra-varṇa"彩色"，中複主。citranirbhāsāni：citra-nirbhāsa，"彩光"，中複主。citranidarśanāni：citra-nidarśana，"彩色的相狀"，中複主。śakaṭacakrapramāṇapariṇāhāni：śakaṭa-cakra-pramāṇa-pariṇāha，"圓周有車輪那麼大"，中複主。» śakaṭa："車"，中。cakra："輪"，中。pramāṇa："大小"，中。pariṇāha："圓周"，男。

文句語譯：

各色（蓮花）有各種色彩，發出各色光芒，有各種樣態，（其）圓周有車輪那麼大。

22. evaṃrūpaiḥ Śāriputra buddhakṣetraguṇavyūhaiḥ samalaṃkṛtaṃ tad buddhakṣetraṃ

文句語譯：

舍利弗啊！那佛國土，就是以這樣的佛國土的功德莊嚴來裝飾的。（*語句解釋參考第 9 條）

23. tat kiṃ manyase Śāriputra kena kāraṇena sa tathāgato 'mitāyur nāmocyate

語句解釋：

tat kiṃ：tat kim，“是什麼？what is that?”。manyase：man-IV.，“思考，想”，現在，直陳，單二，爲自。Śāriputra：Śāriputra，“舍利弗啊”，男單呼。kena：kim，“什麼”，中單具。kāraṇena：kāraṇa，“理由，原因”，中單具。tathāgato 'mitāyur：tathāgatas Amitāyur。» tathāgatas：Tathāgata，“如來”，男單主。Amitāyur：Amitāyus，“無量壽（佛）”，男單主（末尾的 s 後接鼻輔音 n，變 r）。nāmocyate：nāma-ucyate，“被稱爲”。» nāma：副，“稱爲”。ucyate：vac- II.，“說”，現在，直陳，單三，被動。

文句語譯：

舍利弗啊！你認爲是甚麼呢？以何理由，那位如來被稱爲「無量壽」呢？

24. tasya khalu punaḥ Śāriputra tathāgatasya teṣāṃ ca manuṣyāṇām aparimitam āyuḥpramāṇaṃ

語句解釋：

tasya：tad，指代，“那個”，男單屬。khalu：副，“確實，現正”。punaḥ：punar，副，“並且，再者”（末尾的 r 在嘶音 ś 前，變爲 ḥ）。tathāgatasya：Tathāgata，“如來”，

男單屬。teṣāṃ：tad，指代，“那些”，男複屬（teṣām）。manuṣyāṇām：manuṣya，“人類”，男複屬。aparimitam：aparimita，形，“無量”，中單主。āyuḥpramāṇaṃ：āyus-pramāṇa，“壽量”。» āyus：āyus，“壽命”，中單主。pramāṇa：“量，長度”，中單主（pramāṇam）。

文句語譯：

還有，舍利弗啊！那位如來及那些人民的壽命，確是無量的，

25. tena kāraṇena sa tathāgato 'mitāyur nāmocyate

語句解釋：

tena kāraṇena：“因此之故”。» tena：tad，“那”，中單具。kāraṇena：kāraṇa，“理由，原因”，中單具。tathāgato 'mitāyur：tathāgatas Amitāyus。» tathāgatas：tathāgata，“如來”，男單主。Amitāyus：Amitāyus，“無量壽”，男單主。nāmocyate：nāma-ucyate，“被稱爲”。» nāma：副，“稱爲”。ucyate：vac- II.，“說”，現在，直陳，單三，被動。

文句語譯：

因此之故，那位如來被稱爲「無量壽」。

26. tasya ca Śāriputra tathāgatasya daśa kalpā anuttarāṃ samyaksaṃbodhim abhisaṃbuddhasya

語句解釋：

tasya：tad，指代，“那”，男單屬。tathāgatasya：Tathāgata，“如來”，男單屬。daśa：基數，“十”，複主。kalpā：kalpa，“劫”，男複主（kalpās）。anuttarāṃ：anuttara，形，“無上”，女單對（anuttarām）。samyaksaṃbodhim：samyak-sambodhi，“正覺”。» samyak：形，“正確”。sambodhi：“完全的覺悟”，女單對。abhisaṃbuddhasya：abhisambuddha，abhi-sam-budh- I./IV.，“完全的覺悟”，過被分，男單屬（*絕對屬格）。

文句語譯：

舍利弗啊！自從那位如來證得無上正覺以來，已經有十劫了。

27. tat kiṃ manyase Śāriputra kena kāraṇena sa tathāgato 'mitābho nāmocyate

語句解釋：

tat kiṃ：tat kim，“是什麼？what is that?”。manyase：man- IV.，“思考，想”，現在，直陳，單二，爲自。Śāriputra：Śāriputra，“舍利弗啊”，男單呼。kena：kim，“什麼”，中單具。kāraṇena：kāraṇa，“理由，原因”，中單具。sa：tad，指代“那，彼”，男單主。tathāgato' mitābho：tathāgatas-Amitābhas。» tathāgatas：Tathāgata，“如來”，男單主。Amitābhas：amitābha，“無量光”，男單主。nāmocyate：nāma-ucyate，“被稱爲”。» nāma：副，“被

稱為”，中單主。ucyate：vac- II. “說”，現在，直陳，單三，被動。

文句語譯：

舍利弗啊！你認為是甚麼呢？以何理由，那位如來被稱為「無量光」呢？

28. tasya khalu punaḥ Śāriputra tathāgatasyābhāpratihatā sarvabuddhaksetreṣu

語句解釋：

tathāgatasyābhāpratihatā：tathāgatasya-ābhā-apratihatā，“如來的光輝毫無障礙”。» tathāgatasya：Tathāgata，“如來”，男單屬。ābhā：“光芒”，女。apratihatā：apratihata，形，“沒有被遮蔽，沒有障礙”，女單主。sarvabuddhaksetreṣu：sarva-buddhaksetreṣu，“遍一切佛國土”，中複位。» sarva：代形，“一切”。

文句語譯：

還有，舍利弗啊！那位如來的光芒，遍及一切佛國土，無有障礙。

29. tena kāraṇena sa tathāgato 'mitābho nāmocyate

語句解釋：

tena kāraṇena：“因此之故”。» tena：tad，指代，“那”，

中單具。kāraṇena：kāraṇa，“理由，原因”，中單具。sa：tad，指代，“那，彼”，男單主（sas）。tathāgato 'mitābho：tathāgatas Amitābhas。» tathāgatas：Tathāgata，“如來”，男單主。'mitābho：Amitābha，“無量光”，男單主（Amitābhas）。nāmocyate：nāma-ucyate，“被稱爲”。» nāma：副，“稱爲”。ucyate：vac- II.，“說”，現在，直陳，單三，被動。

文句語譯：

因此之故，那位如來被稱爲「無量光」。

30. tasya ca Śāriputra tathāgatasyāprameyaḥ śrāvakasaṃgho yeṣāṃ na sukaraṃ pramāṇam ākhyātuṃ śuddhānāṃ arhatāṃ

語句解釋：

tasya：tad，指代，“那”，男單屬。tathāgatasyāprameyaḥ：tathāgatasya-aprameyaḥ，“如來的無量的”。» tathāgatasya：Tathāgata，“如來”，男單屬。aprameyaḥ：aprameya，形，“無量”，男單主。śrāvakasaṃgho：śrāvaka-saṃghas，“聲聞團體”。» śrāvaka：“聲聞，弟子”，男。saṃghas：saṅgha，“集團，教團”，男單主。yeṣāṃ：yad，關代，“他們的”，男複屬（yeṣām）。na sukaraṃ：na sukaram，“不易”。» sukara：形，“容易”，中單對。pramāṇam：pramāṇa，“量”，中單對。ākhyātuṃ：ā-khyā- II.，不定，“說明”（ākhyātum）。śuddhānāṃ：śuddha，形，“清淨”，男複屬（śuddhānām）。

arhatāṃ：arhat，“阿羅漢”，男複屬（arhatām）。

文句語譯：

而且，舍利弗啊！那位如來的聲聞眾不計其數，他們都是清淨的阿羅漢，其量難說（不可勝數）。

31. evaṃrūpaiḥ Śāriputra buddhakṣetraguṇavyūhaiḥ samalaṃkṛtaṃ tad buddhakṣetraṃ

語句解釋：

evaṃrūpaiḥ：evaṃrūpa，“如是”，男複具（evaṃrūpais）。buddhakṣetraguṇavyūhaiḥ：buddhakṣetra-guṇa-vyūhaiḥ，“佛國功德莊嚴”。» guṇa：“功德”，男。vyūhaiḥ：vyūha，“配置，排列”，男複具（vyūhais）。samalaṃkṛtaṃ：samalaṃkṛta，“被裝飾”，中單主（samalaṃkṛtam）。tad buddhakṣetraṃ：“彼佛國土”。» buddhakṣetraṃ：buddhakṣetra，“佛國土”，中單主（buddhakṣetram）。

文句語譯：

舍利弗啊！那佛國土，就是以這樣的佛國土的功德莊嚴來裝飾的。

五、法華經觀世音普門品

Saddharmapuṇḍarīkasūtra
Samanta-Mukha-Parivarto
NāmĀvalokiteśvara-Vikurvaṇa-Nirdeśaḥ

五、法華經觀世音普門品

Saddharmapuṇḍarīkasūtra Samanta-Mukha-Parivarto NāmĀvalokiteśvara-Vikurvaṇa-Nirdeśaḥ

解 題

公元一世紀左右形成的《法華經》，傳遍了中國、日本、朝鮮及中亞等地區和國家，先後出現了漢、吐蕃、于闐、回鶻、蒙、滿、朝鮮等不同語文的譯本。

《法華經》又稱《妙法蓮華經》，是早期佛教向大乘過渡的代表性作品，內容涵蓋了佛教各宗派的基本思想，更包含了大乘的教義，如淨土思想、一佛乘、菩薩思想，被稱爲「諸經之王」。經中介紹了許多大乘菩薩的因緣本事，其中又以〈觀世音菩薩普門品〉對中國佛教及民間信仰影響最深遠。

《法華經》傳譯至中國後，發展出許多漢譯本，現存有羅什譯的《妙法蓮華經》、竺法護譯的《正法華經》、隋闍那崛多共笈多譯的《添品妙法蓮華經》等，而以什譯本最爲通行。梵文寫本，已發現的主要有尼泊爾本（Nepalese Manuscripts）、基爾特本（Gilgit Manuscripts）、喀什寫本（Central Asian Manuscripts）；此外，尚有笈多直體書法寫本（Calligraphic Upright Gupta Script）、馬爾堡殘卷（Marburger

Fragments）、赫恩雷寫本（Hoernle Manuscript）、斯坦因收集品（Stein Collection）。

已出版的梵本，包括：H. Kern 和南條文雄的校訂版，荻原雲來、土田勝彌改訂的《梵文法華經》，Nalinaksha Dutt 的修訂本，及河口慧海、池田澄達編纂的《貝葉梵文法華經》。英譯版本，有國際知名學者 H. Kern 所翻譯之 *The Saddharmapuṇḍarīka or the Lotus of the True Law (Sacred Books of the East*, 1884）。本書的兩篇選文：〈如來壽量品〉及〈觀世音普門品〉的梵文文本，均係摘錄自 H. Kern 和南條文雄的校訂本。

選　文

atha khalu bhagavāṃs tasyāṃ velāyām imā gāthā abhāṣata

1. Citradhvajo' kṣayamatim etam
   arthaṃ paryaprākṣīt kāraṇāt |
   kena jinaputra hetunocyate
   hy Avalokiteśvaraḥ ||

2. atha tādṛśatāṃ vilokya
   praṇidhisāgaro 'kṣayamatiḥ |
   Citradhvajam adhyabhāṣata
   śṛṇu caryām Avalokiteśvare ||

3. kalpaśatānekācintyān
bahubuddhānāṃ sahasrakoṭibhiḥ |
praṇidhānaṃ yathā viśodhitaṃ
tathā śṛṇuyād dhi mama pradeśataḥ ||

4. śravaṇo 'tha darśano 'py
anupūrvaṃ ca tathānusmṛtiḥ |
bhavatīhāmoghaḥ prāṇināṃ
sarvaduḥkhabhavaśokanāśakaḥ ||

5. saced agnikhadāyāṃ pātayed
ghātanārthāya praduṣṭamānasaḥ |
smarann Avalokiteśvaram
abhiṣikta ivāgniḥ śāmyate ||

6. sacet sāgaradurge pātayed
nāgamakarabhūtālaye |
smarann Avalokiteśvaraṃ
jalarājñi na kadā cid sīdati ||

7. saced Merutalāt pātayed
ghātanārthāya praduṣṭamānasaḥ |
smarann Avalokiteśvaraṃ
sūryabhūta iva nabhasi pratiṣṭhati ||

8. vajramayaparvatāśanim
ghātanārthāya hi mūrdhny avaśiret |
smarann Avalokiteśvaraṃ
romakūpaṃ na prabhavati hiṃsitum ||

9. sacec chatrugaṇaiḥ parivṛtaḥ
śastrahastair vihiṃsācetobhiḥ |
smarann Avalokiteśvaraṃ
maitracittās tadā bhavanti tatkṣaṇam ||

10. saced āghātana upasthito
vadhyaghātānāṃ vaśaṃgato bhavet |
smarann Avalokiteśvaraṃ
khaṇḍakhaṇḍaṃ tadā śastrā gaccheyuḥ ||

11. saced dārumayair ayomayair
haḍinigaḍair iha baddho bandhanaiḥ |
smarann Avalokiteśvaraṃ
kṣipram eva vipaṭanti bandhanāni ||

12. mantrabalavidyauṣadhī
bhūtavetālāḥ śarīranāśakāḥ |
smarann Avalokiteśvaraṃ
tena gacchanti yataḥ pravartitāḥ ||

13. saced ojoharaiḥ parivṛto
yakṣanāgāsurabhūtarākṣasaiḥ |
smarann Avalokiteśvaraṃ
romakūpaṃ na prabhavanti hiṃsitum ||

14. saced vyāḍamṛgaiḥ parivṛtas
tīkṣṇadaṃṣṭranakharair mahābhayaiḥ |
smarann Avalokiteśvaraṃ
kṣipraṃ gacchanti diśāṃ samantataḥ ||

15. saced dṛṣṭiviṣaiḥ parivṛto
jvalanārciśikhiduṣṭadāruṇaiḥ |
smarann Avalokiteśvaraṃ
kṣipram eva tadā santi nirviṣāḥ ||

16. gambhīrāḥ savidyuto niścareyur
meghavajrāśanivāriprasravāḥ |
smarann Avalokiteśvaraṃ
kṣipram eva praśāmyanti tatkṣaṇam ||

17. bahuduḥkhaśatair upadrutān
sattvān dṛṣṭvā bahuduḥkhapīḍitān |
śubhajñānabalo vilokya
tena trātā jagati sadevake ||

18. ṛddhibalapāramiṃgato
vipulajñānopāyaśikṣitaḥ |
sarvatra daśadiśi jagati
sarvakṣetreṣv aśeṣaṃ dṛśyate ||

19. ye cākṣaṇadurgatibhayā
narakatiryagyamasya śāsane |
jātijarāvyādhipīḍitā
anupūrvaṃ praśāmyanti prāṇinām ||

atha khalv Akṣayamatir hṛṣṭatuṣṭamanā imā gāthā abhāṣata

20. śubhalocano maitralocanaḥ
prajñājñānaviśiṣṭalocanaḥ |
kṛpālocanaḥ śuddhalocanaḥ
premaṇīyaḥ sumukhaḥ sulocanaḥ ||

21. amalāmalo nirmalaprabho
vitimirajñāno divākaraprabhaḥ |
aparāhatānalajvalaprabhaḥ
pratapanto jagati virocase ||

22. kṛpāsadguṇamaitragarjitaḥ
śubhaguṇo maitramanā mahāghanaḥ |
kleśāgniṃ śāmyasi prāṇināṃ
dharmavarṣam amṛtaṃ pravarṣasi ||

23. kalahe ca vivādavigrahe
narasaṃgrāmagate mahābhaye |
smarann Avalokiteśvaraṃ
praśāmyeyur arisaṅghapāpakāḥ ||

24. meghasvaro dundubhisvaro
jaladharagarjito brahmasusvaraḥ |
svaramaṇḍalapāramiṃgataḥ
smaraṇīyo 'valokiteśvaraḥ ||

25. smarata smarata mā kāṅkṣata
śuddhasattvam Avalokiteśvaram |
maraṇe vyasana upadrave
trāṇaṃ bhavati śaraṇaṃ parāyaṇam ||

26. sarvaguṇapāramiṃgataḥ
sarvasattvakṛpāmaitralocanaḥ |
guṇabhūto mahāguṇodadhir
vandanīyo 'valokiteśvaraḥ ||

27. yo 'sāv anukampako jagati
buddho bhaviṣyaty anāgate 'dhvani |
sarvaduḥkhabhayaśokanāśakaṃ
praṇamāmy Avalokiteśvaram ||

28. lokeśvaro rājanāyako
bhikṣur dharmākaro lokapūjitaḥ |
bahukalpaśatāni caritvā ca
prāpto bodhiṃ virajām anuttarām ||

29. sthito dakṣiṇavāmatas tathā
vījayanto 'mitābhanāyakam |
māyopamas taṃ samādhinā
sarvakṣetreṣu jinagandham apūpujat ||

30. diśi paścime yatra sukhākarā
lokadhātur virajā Sukhāvatī |
yatraiṣo 'mitābhanāyakaḥ
samprati tiṣṭhati sattvasārathiḥ ||

31. na ca strīṇāṃ tatra sambhavo
nāpi ca maithunadharmaḥ sarvaśaḥ |
upapādukās te jinaurasāḥ
padmagarbheṣu niṣaṇṇā nirmalāḥ ||

32. sa caivāmitābhanāyakaḥ
padmagarbhe viraje manorame |
siṃhāsane saṃniṣaṇṇakaḥ
śālarājeva yathā virājate ||

33. so 'pi tathā lokanāyako
yasya nāsti tribhave sadṛśaḥ |
yad mayā puṇyaṃ stutvā saṃcitaṃ
kṣipraṃ bhavāmi yathā tvaṃ narottama ||

釋 義

atha khalu bhagavāṃs tasyāṃ velāyām imā gāthā abhāṣata

語句解釋：

atha：副，"於是，現在"。khalu：副，"現在"。bhagavāṃs：bhavagat，"世尊"，男單主（bhavagān；末尾的 n 後接齒輔音 t，變成 ṃs）。tasyāṃ：tad，指代，"那"，女單位（tasyām）。velāyām：velā，"時"，女單位。imā：idam，指代，"這"，女複對（imās）。gāthā：gāthā，"偈頌"，女複對（gāthās）。abhāṣata：bhāṣ- I.，"說，喝頌"，現在，未完成過去，單三，為自。

文句語譯：

正在當時，世尊唱說這些偈頌：

1. Citradhvajo 'kṣayamatim etam
   arthaṃ paryaprākṣīt kāraṇāt |
   kena jinaputra hetunocyate
   hy Avalokiteśvaraḥ ||

語句解釋：

Citradhvajo：Citradhvaja，"莊嚴幢"（一名僧人或居士的名字，BHS Dict.，p.230），男單主（Citradhvajas）。'kṣayamatim：Akṣayamati，"無盡意（菩薩的名字，BHS Dict.，p.230）"，

男單對。**etam**：etad，指代，“這，此”，男單對。**arthaṃ**：artha，“意義，事情”，男單對（artham）。**paryaprākṣīt**：pari-prach- VI.，“問”，s-不定過去，單三，爲他（**aprākṣīt**）。**kāraṇāt**：kāraṇa，“原因，理由”，中單從（這裡指“出於…的原因”）。**kena**：**ka**，疑代，“甚麼”，男單具。**jinaputra**：jina-putra，“勝子，佛子”，男單呼（對無盡意菩薩的稱呼）。**hetunocyate**：hetunā-ucyate。» hetunā：hetu，“原因”，男單具。ucyate：vac- II，“被稱爲”，現在，直陳，單三，被動。**hy**：hi，連，“因此”（i 後接異類元音，變成半元音 y）。**Avalokiteśvaraḥ**：Avalokiteśvara，“觀世音（菩薩）”，男單主（Avalokiteśvaras）。

文句語譯：

莊嚴幢問無盡意菩薩這個事情：

「勝子啊，是什麼原因，觀世音因而被（這樣）命名呢？」

2. atha tādṛśatāṃ vilokya
   praṇidhisāgaro 'kṣayamatiḥ |
   Citradhvajam adhyabhāṣata
   śṛṇu caryām Avalokiteśvare ||

語句解釋：

atha：副，“於是，現在”。**tādṛśatāṃ**：tādṛśatā，“那樣的事”，女單對（tādṛśatām）。**vilokya**：vi-lok- I.，動名，“察知，注視”。**praṇidhisāgaro**：praṇidhi-sāgara，形，“誓願

如海的”，男單主（praṇidhi-sāgaras）。'kṣayamatiḥ：Akṣayamati，“無盡意（菩薩）”，男單主（Akṣayamatis）。Citradhvajam：Citradhvaja，“莊嚴幢”，男單對。adhyabhāṣata：adhi-bhāṣ- I.，“恭敬地說”，現在，未完成過去，單三，爲自。śṛṇu：śru- V.，“聽”，現在，命令，單二，爲他。caryām：caryā，“修行”，女單對。Avalokiteśvare：Avalokiteśvara，“觀世音（菩薩）”，男單位（以位格代替屬格，BHS Gram.，7.83, p.47）。

文句語譯：

誓願如海的無盡意菩薩，察知其事，向莊嚴幢恭敬地說：「請聽觀世音的修行事跡！」

3. kalpaśatānekācintyān
bahubuddhānāṃ sahasrakoṭibhiḥ |
praṇidhānaṃ yathā viśodhitaṃ
tathā śṛṇuyād dhi mama pradeśataḥ ‖

語句解釋：

kalpaśatānekācintyān：kalpa-śata-aneka-acintya，“在不可思議的百劫之多（的長時間裡）”。» kalpa：“劫”，男。śata：基數，“百”，中。aneka：形，“很多”。acintya：形，“不可思議”，男複對（acintyān）。bahubuddhānāṃ：bahu-buddhānāṃ，“多佛”。» bahu：形，“多”。buddhānāṃ：buddha，“佛”，男複屬（buddhānām）。sahasrakoṭibhiḥ：

sahasra-koṭi，“數千俱胝”。» sahasra：基數，“千”，中。koṭi：“俱胝”，女複具（koṭibhis；具格表示“與...同在”）。praṇidhānaṃ：praṇidhāna，“誓願”，中單對（praṇidhānam）。yathā：關代，“那樣的”。viśodhitaṃ：viśodhita，形，“清淨”，中單對（viśodhitam）。tathā：副，“那樣的，如是”。śṛṇuyād：śru- V.，“聽”，現在，願望，單三（按理應爲單二：śṛṇuyās，但佛教梵文會以單三代替其他人稱和數；BHS Gram. , 25.4, p.129），爲他（śṛṇuyāt；末尾的無聲閉塞音 t 後接 h，變爲有聲閉塞音 d 及有聲帶氣音 dh：d dh）。dhi：hi，副，“確實”（連聲規則參考以上關於 śṛṇuyāt 的解釋）。mama：人代，“我”，單屬。pradeśataḥ：pradeśa，“指示”，男單從（pradeśatas）。

文句語譯：

在不可思議的數百劫之多（的長時間裡），在數千俱胝眾佛的座下，（關於）那樣的清淨弘誓，且從我如是的開示聆聽（且聽我如是開示）。

4. śravaṇo 'tha darśano 'py
   anupūrvaṃ ca tathānusmṛtiḥ |
   bhavatīhāmoghaḥ prāṇināṃ
   sarvaduḥkhabhavaśokanāśakaḥ ||

語句解釋：

śravaṇo：śravaṇa，“聽聞”，男單主（śravaṇas；śravaṇa 本

爲中性名詞，但採用男性變格；BHS Gram. , 6.1-6.3, p. 39）。'tha：atha，副，“那麼，所以，表示文章開端”。darśano：darśana，“看見”，男單主（darśanas；darśana 本爲中性名詞，但採用男性變格；BHS Gram. , 6.1-6.3, p.39）。'py...ca：api...ca，副，“而且，還要”。anupūrvaṃ：anupūrvam，副，“持續地”。ca：接上文的 api，詳見'pi...ca 的解釋。tathānusmṛtiḥ：tathā-anusmṛtiḥ，“那樣地憶念”。» tathā：副，“那樣的，如是”。anusmṛtiḥ：anusmṛti，“念，憶念（指憶念觀世音）”，女單主（anusmṛtis）。bhavatīhāmoghaḥ：bhavati-iha-amoghaḥ。» bhavati：bhū- I.，“存在”，現在，直陳，單三，爲他。iha：副，“在這世界”。amoghaḥ：amogha，形，“湊效”，男單主（amoghas）。prāṇināṃ：prāṇin，“生命，人”，男複屬（prāṇinām）。sarvaduḥkhabhavaśokanāśakaḥ：sarva-duḥkha-bhava-śoka-nāśakaḥ。» sarva：代形，“一切”。duḥkha：“苦”，中。bhava：“生存”，男。śoka：“悲哀”，男。nāśakaḥ：nāśaka，形，“消滅”，男單主（nāśakas）。

文句語譯：

聽聞（觀世音之名）、謁見（觀世音之身）、並且如是持續不斷地憶念（觀世音），那麼，眾生在這世間的一切痛苦，（和）生存的悲哀，便會被有效地消除。

5. saced agnikhadāyāṃ pātayed
ghātanārthāya praduṣṭamānasaḥ |

smarann Avalokiteśvaram
abhiṣikta ivāgniḥ śāmyate ‖

語句解釋：

saced：sacet，連，“假若”（末尾的 t 後接元音 a，變 d）。agnikhadāyāṃ：agni-khadā，“火坑”，女單位（agnikhadāyām）。pātayed：pat- I.，“掉落”，現在，願望，單三，爲他，使役（pātayet，末尾的 t 後接有聲輔音 gh，變成 d；願望法用以表示條件：假如...的話）。ghātanārthāya：ghātana-arthāya，“爲了殺害”。» ghātana：“殺害”，中。arthāya：“爲了...”。praduṣṭamānasaḥ：praduṣṭa-mānasaḥ，“惡意”。» praduṣṭa：pra-duṣ- IV.，“墮落，變壞”，過被分。mānasaḥ：mānasa，形，“在精神上，在心裡”，男單主（mānasas）。smarann：smarat，smṛ- I.，“憶念”，現主分*，男單主（smaran；除了 m 外，位於短元音之後的鼻音，若後接元音，必須重疊 → smarann。）Avalokiteśvaraṃ：Avalokiteśvara，“觀世音（菩薩）”，男單對（Avalokiteśvaram）。abhiṣikta：abhi-sic- VI.，過被分，“灑水”，男單主（abhiṣiktas；as 後接 a 以外的元音，變爲 a）。ivāgniḥ：iva-agniḥ。» iva：連，“如同”。agniḥ：agni，“火”，男單主（agnis）。śāmyate：śam- IV.，“平息，熄滅”，現在，直陳，單三，使役被動。

*現主分表示持續不斷的動作。

文句語譯：

若有人興起害意，爲殺害某人，把他推進火坑裡，(只要)一直繫念觀世音，大火便會熄滅，如同被水灌救一樣。

6. sacet sāgaradurge pātayed
   nāgamakarabhūtālaye |
   smarann Avalokiteśvaraṃ
   jalarājñi na kadā cid sīdati ||

語句解釋：

sacet：連，“假若”。sāgaradurge：sāgara-durge，“汪洋大海的險境”。» sāgara：“海”，男。durge：durga，“險境”，中單位。pātayed：pat- I.，“掉落”，現在，願望，單三，爲他，使役（pātayet，末尾的 t 後接鼻輔音 n，變成 d 或 n）。nāgamakarabhūtālye：nāga-makara-bhūta-ālaye，“龍、怪魚、妖精的棲所”。» nāga：“龍”，男。makara：“海中的怪魚”，男。bhūta：“妖精”，中。ālaye：ālaya，“棲所”，男/中單位。smarann：smarat，smṛ- I.，“憶念”，現主分，男單主（smaran；除了 m 外，位於短元音之後的鼻音，若後接元音，必須重疊→smarann。）Avalokiteśvaraṃ：Avalokiteśvara，“觀世音（菩薩）”，男單對（Avalokiteśvaram）。jalarājñi：jala-rājan，“大海，水之王”，男單位。na kadā cid：“永不...，任何時候也不...”。sīdati：sad- I.，“下沉”，現在，直陳，單三，爲他。

文句語譯：

若（有人）跌進茫茫大海的絕處險境，龍、海洋怪物、妖精的棲所，(只要)一直繫念觀世音，他永不會墮進汪洋大海裡。

7. saced Merutalāt pātayed
ghātanārthāya praduṣṭamānasaḥ |
smarann Avalokiteśvaraṃ
sūryabhūta iva nabhasi pratiṣṭhati ||

語句解釋：

saced：sacet，連，“假若”（t 後接有聲輔音 m，變 d）。Merutalāt：Meru-talāt，“須彌（山）的表面”。» Meru：須彌（山），男。talāt：tala，“表面”，中單從。pātayed：pat- I.，“掉落”，現在，願望，單三，爲他，使役（pātayet，末尾的 t 後接有聲輔音 gh，變成 d）。ghātanārthāya：ghātana-arthāya，“爲了殺害”。» ghātana：“殺害”，中。arthāya：“爲了...”。praduṣṭamānasaḥ：praduṣṭa-mānasaḥ，“惡意”。» praduṣṭa：pra-duṣ- IV.，“墮落，變壞”，過被分。mānasaḥ：mānasa，形，“在精神上，在心裡”，男單主（mānasas）。smarann：smarat，smṛ- I.，“憶念”，現主分，男單主（smaran；除了 m 外，位於短元音之後的鼻音，若後接元音，必須重疊→ smarann。）Avalokiteśvaraṃ：Avalokiteśvara，“觀世音(菩薩)”，男單對(Avalokiteśvaram)。sūryabhūta：sūrya-bhūta，“太陽的狀態（像太陽一樣）”。» sūrya：“太陽”，男。bhūta：形，“...的狀態”，男單主

（bhūtas；-as 後接元音 i，變 a）。iva：連，“如同”。nabhasi：nabhas，“天空”，中單位。pratiṣṭhati：pra-sthā- I.，“停留，站立”，現在，直陳，單三，爲他。

文句語譯：

若有人興起害意，爲殺害某人，而將他從須彌山的表面扔下來，（只要）一直繫念觀世音，他便會如太陽一樣，停留在天空中（安然無恙）。

8. vajramayaparvatāśaniṃ
ghātanārthāya hi mūrdhny avaśiret |
smarann Avalokiteśvaraṃ
romakūpaṃ na prabhavati hiṃsitum ||

語句解釋：

vajramayaparvatāśaniṃ：vajra-maya-parvata-aśaniṃ，“以霹靂造成的石頭和雷電”。» vajra：“霹靂”，男/中。-maya：形，“以...造成的，充滿...”。parvata：“石頭”，男。aśaniṃ：aśani，“雷電”，女單對（aśanim）。ghātanārthāya：ghātana-arthāya，“爲了殺害”。» ghātana：“殺害”，中。arthāya：“爲了...”。hi：連，“因爲”。mūrdhny：mūrdhan，“頭”，男單位（mūrdhni）。avaśiret：ava-śirati，“拋擲，扔下來”（cf. BHS Dict., p. 75），現在，願望，單三，爲他。smarann：smarat，smṛ- I.，“憶念”，現主分，男單主（smaran；除了 m 外，位於短元音之後的鼻音，若後接元音，

必須重疊→smarann。）Avalokiteśvaraṃ：Avalokiteśvara，“觀世音(菩薩)”，男單對(Avalokiteśvaram)。romakūpaṃ：roma-kūpa，“毛髮”，男/中單對（romakūpam）。na prabhavati：na pra-bhū- I.，“不可以…，不會出現…”，現在，直陳，單三，爲他。hiṃsitum：hiṃs- VII.，不定，“損害，殺害”。

文句語譯：

若出於殺機，將霹靂造成的石頭與雷電，擲向某人的頭部，(只要)一直繫念觀世音，(別人)也不可傷其毫毛。

9. sacec chatrugaṇaiḥ parivṛtaḥ
   śastrahastair vihiṃsācetobhiḥ　|
   smarann Avalokiteśvaraṃ
   maitracittās tadā bhavanti tatkṣaṇam　||

語句解釋：

sacec：sacet，連，“假若”（t 後接噝音 ś，變 c）。chatrugaṇaiḥ：śatru-gaṇaiḥ，“敵眾”。» śatru，“敵人”，男（ś 與前面的 t 相連，變爲 ch）。gaṇaiḥ：gaṇa，“群，眾”，男複具(gaṇais)。parivṛtaḥ：parivṛta，pari-vṛ- V.，“被包圍”，過被分，男單主(parivṛtas)。śastrahastair：śastra-hastair，“手持著劍”。» śastra：“劍”，男/中。hastair：hasta，“手”，男複具（hastais）。vihiṃsācetobhiḥ：vihiṃsā-cetobhiḥ，“殺害之心”。» vihiṃsā：“殺生，殺害”，女。cetobhiḥ：cetas，“心”，

中複具（cetobhis）。**smarann**：smarat，smṛ- I.，“憶念”，現主分，男單主（smaran；除了 m 外，位於短元音之後的鼻音，若後接元音，必須重疊→smarann。）**Avalokiteśvaraṃ**：Avalokiteśvara，“觀世音（菩薩）”，男單對（Avalokiteśvaram）。**maitracittās**：maitra-cittās，“友善之心”。» maitra：形，“友善”。cittās：citta，“心”，男複主。**tadā**：副，“那時”。**bhavanti**：bhū- I.，“變得”，現在，直陳，複三，爲他。**tatkṣaṇam**：副，“在那瞬間，立即”。

文句語譯：

假使被手執刀劍、萌生殺機的敵眾圍繞，只要一直繫念觀世音，他們立刻生起仁愛之心。

10. saced āghātana upasthito
vadhyaghātānāṃ vaśaṃgato bhavet |
smarann Avalokiteśvaraṃ
khaṇḍakhaṇḍaṃ tadā śastrā gaccheyuḥ ||

語句解釋：

saced：sacet，連，“假若”（t 後接元音 ā，變 d）。**āghātana**：“刑場”，中單位（āghātane；末尾的 e 後接 a 以外的元音 u，變 a）。**upasthito**：upa-sthita，upa-sthā- I.，“處於”，過被分，男單主（upasthitas；末尾的 as 後接有聲輔音 v，變 o）。**vadhyaghātānāṃ**：vadhya-ghātāna，“執行死刑者”，中複

屬（vadhyaghātānām）。**vaśaṃgato**：形，vaśaṃgata，“受支配”，男單主（vaśaṃgatas；末尾的 as 後接有聲輔音 bh，變 o）。**bhavet**：bhū- I.，“變成”，現在，願望，單三，爲他。**smarann**：smarat，smṛ- I.，“憶念”，現主分，男單主（smaran；除了 m 外，位於短元音之後的鼻音，若後接元音，必須重疊→smarann。）**Avalokiteśvaraṃ**：Avalokiteśvara，“觀世音（菩薩）”，男單對（Avalokiteśvaram）。**khaṇḍakhaṇḍaṃ**：khaṇḍa-khaṇḍaṃ，副，“零碎地，一片片”（khaṇḍakhaṇḍam）。**tadā**：副，“那時”。**śastrā**：śastra，“刀，劍”，男複主（śastrās；末尾的 ās 後接有聲輔音，變 ā）。**gaccheyuḥ**：gam- I.，“去，to go”，現在，願望，複三，爲他。

文句語譯：

若有人身處刑場，快要受執行死刑者的制裁，（只要）一直繫念觀世音，行刑刀便會碎裂成一片片。

11. saced dārumayair ayomayair
    haḍinigaḍair iha baddho bandhanaiḥ |
    smarann Avalokiteśvaraṃ
    kṣipram eva vipaṭanti bandhanāni ||

語句解釋：

saced：sacet，連，“假若”（t 後接有聲輔音 d，變 d）。**dārumayair**：dāru-mayair，“木製的”。» dāru：“木”，

男/中。mayair：-maya，形，“以...製造，充滿...”，男複具（mayais）。ayomayair：ayas-mayair，“鐵製的”。» ayas：“鐵”，中。-maya，“以...製造”，男複具（mayais）。haḍinigaḍair：haḍi-nigaḍair，“木枷鎖和鐵足鐐”。» haḍi：“木枷鎖”，男。nigaḍa：“鐵足鐐”，男複具（nigaḍais）。iha：副，“在這裡，現在”。baddho：baddha，bandh- IX.，“被束縛”，過被分，男單主（baddhas）。bandhanaiḥ：bandhana，“束縛，綁住”，中複具（bandhanais）。smarann：smarat，smṛ- I.，“憶念”，現主分，男單主（smaran；除了 m 外，位於短元音之後的鼻音，若後接元音，必須重疊→smarann。）Avalokiteśvaraṃ：Avalokiteśvara，“觀世音（菩薩）”，男單對（Avalokiteśvaram）。kṣipram：副，“很快”。eva：副，“如是”。vipaṭanti：vi-paṭ- I.，“鬆綁”，現在，直陳，複三，爲他。bandhanāni： bandhana，“束縛，綁住”，中複對。

文句語譯：

若有人現在被木造的枷鎖、鐵製的足鐐等桎梏繫縛，（只要）一直繫念觀世音，這些束縛便會立刻解除。

12. mantrabalavidyauṣadhī
bhūtavetālāḥ śarīranāśakāḥ |
smarann Avalokiteśvaraṃ
tena gacchanti yataḥ pravartitāḥ ||

語句解釋：

mantrabalavidyauṣadhī：mantra-bala-vidyā-oṣadhī，“真言力、符咒、草藥”。» mantra：“真言、咒語”，男。bala：“力量”，中。vidyā：“知識，符咒”，女。oṣadhī：“草藥”，女單主。**bhūtavetālāḥ**：bhūta-vetālāḥ，“妖精、屍鬼”。» bhūta：“妖精”，中。vetālāḥ：vetāla，“附在屍體的鬼怪”，男複主（vetālas）。**śarīranāśakāḥ**：śarīra-nāśakāḥ，“害身致命的東西”。» śarīra：“身體”，中。nāśakāḥ：nāśaka，形，“破壞性”，男複主（nāśakās）。**smarann**：smarat，smṛ- I.，“憶念”，現主分，男單主（smaran；除了 m 外，位於短元音之後的鼻音，若後接元音，必須重疊→smarann。）**Avalokiteśvaraṃ**：Avalokiteśvara，“觀世音（菩薩）”，男單對（Avalokiteśvaram）。**tena**：副，“因此，那末”。**gacchanti**：gam- I.，“去，到”，現在，直陳，複三，爲他。**yataḥ**：yatas，副，“從那處”。**pravartitāḥ**：pravartita，pra-vṛt- I.，“轉向前，回到”，使役被動分詞，男複主（pravartitās）。

文句語譯：

真言力、符咒、草藥、妖精、屍鬼 —（這些）害身致命的東西，（只要）一直繫念觀世音，那麼，他們從何處到（來），就回到何處去。

13. saced ojoharaiḥ parivṛto
yakṣanāgāsurabhūtarākṣasaiḥ |
smarann Avalokiteśvaraṃ

romakūpaṃ na prabhavanti hiṃsitum ‖

語句解釋：

saced：sacet，連，"假若"（t 後接複元音 o，變 d）。ojoharaiḥ：ojas-haraiḥ，"奪取精力"。» ojas："精力，身體的能量"，中。haraiḥ：hara，形，"奪取"，中複具（harais）。parivṛto：parivṛta，pari-vṛ- V.，"被包圍"，過被分，男單主（parivṛtas）。yakṣanāgāsurabhūtarākṣasaiḥ：yakṣa-nāga-asura-bhūta-rākṣasaiḥ，"夜叉、龍、阿修羅、妖精、羅刹"。» yakṣa："夜叉"，男。nāga："龍"，男。asura："阿修羅"，男。bhūta："妖精"，中。rākṣasaiḥ：rākṣasa，"羅刹"，男複具（rākṣasais）。smarann：smarat，smṛ- I.，"憶念"，現主分，男單主（smaran；除了 m 外，位於短元音之後的鼻音，若後接元音，必須重疊→smarann。）Avalokiteśvaraṃ：Avalokiteśvara，"觀世音（菩薩）"，男單對（Avalokiteśvaram）。romakūpaṃ：roma-kūpa，"毛髮"，男/中單對（romakūpam）。na prabhavanti：na pra-bhū- I.，"不可以...，不會出現..."，現在，直陳，複三，爲他。hiṃsitum：hiṃs- VII. 不定，"損害，殺害"。

文句語譯：

若被奪人精魄的夜叉、龍、阿修羅、妖精、羅刹等重重圍困，（只要）一直繫念觀世音，（他們）絕不可傷其毫毛。

14. saced vyāḍamṛgaiḥ parivṛtas
    tīkṣṇadaṃṣṭranakharair mahābhayaiḥ |

smarann Avalokiteśvaraṃ
kṣipraṃ gacchanti diśāṃ samantataḥ ‖

語句解釋：

saced：sacet，連，“假若”（t 後接半元音 v，變 d）。**vyāḍamṛgaiḥ**：vyāḍa-mṛgaiḥ，“猛獸”。» vyāḍa：形，“凶猛”。mṛgaiḥ：mṛga，“野獸”，男複具（mṛgais）。**parivṛtas**：parivṛta，pari-vṛ- V.，“被包圍”，過被分，男單主。**tīkṣṇadaṃṣṭranakharair**：tīkṣṇa-daṃṣṭra-nakharair，“張牙舞爪”。» tīkṣṇa：形，“尖銳”。daṃṣṭra：“牙齒”，男。nakharair：nakhara，“爪”，男／中複具（nakharais）。**mahābhayaiḥ**：mahā-bhaya，“極爲恐怖”，中複具。**smarann**：smarat，smṛ- I.，“憶念”，現主分，男單主（smaran；除了 m 外，位於短元音之後的鼻音，若後接元音，必須重疊→smarann。）**Avalokiteśvaraṃ**：Avalokiteśvara，“觀世音（菩薩）”，男單對（Avalokiteśvaram）。**kṣipram**：副，“迅速地”。**gacchanti**：gam- I.，“去”，現在，直陳，複三，爲他。**diśāṃ**：diśā，“方向”，女單對（diśām）。**samantataḥ**：samantatas，副，“到處”。

文句語譯：

若被張牙舞爪、極度恐怖的猛獸包圍，（只要）一直繫念觀世音，牠們迅即往各方四散奔逃。

15. saced dṛṣṭiviṣaiḥ parivṛto
jvalanārciśikhiduṣṭadāruṇaiḥ |
smarann Avalokiteśvaraṃ
kṣipram eva tadā santi nirviṣāḥ ||

語句解釋：

saced：sacet，連，“假若”（t 後接有聲輔音 d，變 d）。dṛṣṭiviṣaiḥ：dṛṣṭiviṣa，“眼神帶毒的蛇”，男複具（dṛṣṭiviṣais；此詞性別不明，現假設爲男性；cf. BHS Dict., p.270）。parivṛto：parivṛta，pari-vṛ- V.，“被包圍”，過被分，男單主（parivṛtas）。jvalanārciśikhiduṣṭadāruṇaiḥ：jvalana-arci-śikhi-duṣṭa-dāruṇaiḥ，“燃起惡毒的火焰，令人恐怖”。» jvalana：形，“燃燒”。arci：“火焰”，男。śikhi：śikhin，“火”，男（複合詞：śikhi-）。duṣṭa：形，“懷有惡意，惡毒的”。dāruṇaiḥ：dāruṇa，“令人恐怖，可怕”，男複具（dāruṇais）。smarann：smarat，smṛ- I.，“憶念”，現主分，男單主（smaran；除了 m 外，位於短元音之後的鼻音，若後接元音，必須重疊→ smarann。）Avalokiteśvaraṃ：Avalokiteśvara，“觀世音（菩薩）”，男單對（Avalokiteśvaram）。kṣipram：副，“很快”。eva：副，“如是”。tadā：副，“那時”。santi：as- II.，“存在，變得”，現在，直陳，複三，爲他。nirviṣāḥ：nirviṣa，形，“無毒”，男複主（nirviṣās）。

文句語譯：

若被目光惡毒的蛇團團圍住，（牠們）燃起（噴出）有毒而可怖的火焰，（只要）一直繫念觀世音，牠們迅即變成無毒。

16. gambhīrāḥ savidyuto niścareyur
meghavajrāśanivāriprasravāḥ |
smarann Avalokiteśvaraṃ
kṣipram eva praśāmyanti tatkṣaṇam ||

語句解釋：

gambhīrāḥ：gambhīra，形“深厚”，男複主（gambhīrās）。savidyuto：sa-vidyut，形，“挾著電光”，男複主（sa-vidyutas；末尾的 as 後接鼻輔音 n，變 o）。niścareyur：nis-car- I.，“展現”，現在，願望，複三，爲他（niścareyus；末尾的 s 後接鼻輔音 m，且前接 a、ā 以外的元音，故變成 r）。meghavajrāśanivāriprasravāḥ：megha-vajra-aśani-vāri-prasravāḥ，“觸發雷電暴雨的雲”。» megha：“雲”，男。vajra：“雷電”，男/中。aśani：“閃電”，女。vāri：“水，雨”，中。prasravāḥ：prasrava，“流動，水流”，男複主（prasravās）。samarann：smarat，smṛ- I.，“憶念”，現主分，男單主（smaran；除了 m 外，位於短元音之後的鼻音，若後接元音，必須重疊→smarann。）Avalokiteśvaraṃ：Avalokiteśvara，“觀世音（菩薩）”，男單對（Avalokiteśvaram）。kṣipram：副，“很快”。eva：副，“正是”。praśāmyanti：pra-śam- IV.，“平息”，現在，直陳，複三，爲他。tatkṣaṇam：副，“立刻”。

文句語譯：

若有烏雲密佈，挾著電光，觸發雷電暴雨，（只要）一直繫念觀世音，（雷雨）便會立刻平靜下來。

17. bahuduḥkhaśatair upadrutān
    sattvān dṛṣṭvā bahuduḥkhapīḍitān |
    śubhajñānabalo vilokya
    tena trātā jagati sadevake ||

語句解釋：

bahuduḥkhaśatair：bahu-duḥkha-śatair，“各種苦楚”。» bahu：形，“很多”。duḥkha：“苦”，中。śatair：śata，基數，“百”，中複具（śatais）。upadrutān：upadruta，形，“遭逢厄運”，男複對。sattvān：sattva，“眾生”，男複對。dṛṣṭvā：dṛś- I.，動名，“看到”。bahuduḥkhapīḍitān：bahu-duḥkha-pīḍitān，“受各種苦難折磨”。» bahu：形，“很多”。duḥkha：“痛苦”，中。pīḍitān：pīḍita，pīḍ- X.，“折磨”，過被分，男複對。śubhajñānabalo：śubha-jñāna-balas，“清淨的智慧力量”。» śubha：形，“清淨”。jñāna：“智慧”，中。balas：bala，“力量”，男單主。vilokya：vi-lok- I.，動名，“注視”。tena：副，“因此”。trātā：trātṛ，“救度者，保護者”，男單主。jagati：jagat，“世界”，中單位。sadevake：sa-devaka，形，“與神同在的（世界）”，中單位。

文句語譯：

他（觀世音）以清淨無漏的智慧力量去察照，目睹遭逢百般苦楚、受種種苦難折磨的眾生，因此，他是人神共住的世間的救渡者。

18. ṛddhibalapāramiṃgato
 vipulajñānopāyaśikṣitaḥ |
 sarvatra daśadiśi jagati
 sarvakṣetreṣv aśeṣaṃ dṛśyate ||

語句解釋：

ṛddhibalapāramiṃgato：ṛddhibala-pāramiṃ-gatas，“成就了神通力”。» ṛddhibala：ṛddhi，“神通”，女。bala：“力量”，男/中。pāramiṃ-gatas：pāramiṃ-gata，形，“完成，成就”，男單主。vipulajñānopāyaśikṣitaḥ：vipula-jñāna-upāya-śikṣitaḥ，“智慧廣大，善於方便施設”。» vipula：形，“廣大”。jñāna：“智慧”，中。upāya：“手段，方便”，男。śikṣitaḥ：śikṣita，śikṣ- I.，“學習，熟習””，過被分，男單主（śikṣitas）。sarvatra：副，“無論那裡，到處”。daśadiśi：daśa-diśi，“十方”。» daśa：基數，“十”。diśi：diś，“方位”，女單位。jagati：jagat，“世界”，中單位。sarvakṣetreṣv：sarva-kṣetreṣv，“一切國土”。» sarva：代形，“一切”。kṣetreṣv：kṣetra，“國土”，中複位（kṣetreṣu；末尾的 u 後接異類元音 a，變半元音 v）。aśeṣaṃ：aśeṣam，副，“完全地”。dṛśyate：dṛś- I.，“看見”，現在，直陳，

單三，被動（“被看見，現身”）。

文句語譯：

他已成就神通力，智慧廣大，熟習各種善巧方便，（不管）在十方世界，和一切國土，無不現身。

19. ye cākṣaṇadurgatibhayā
    narakatiryagyamasya śāsane |
    jātijarāvyādhipīḍitā
    anupūrvaṃ praśāmyanti prāṇinām ||

語句解釋：

ye：yad，關代，“那些”，男複主。cākṣaṇadurgatibhayā：ca-akṣaṇa-durgati-bhayā，“而（生於）困境、惡趣、疾病者”。» akṣaṇa：“苦難，困苦”，男/中。durgati：“惡趣”，女。bhayā：bhaya，“疾病”，男複主（bhayās；ās 後接有聲輔音 n，變 ā）。narakatiryagyamasya：naraka-tiryag-yamasya，“地獄、畜生、閻魔的”。» naraka：“地獄”，男/中。tiryag：tiryañc，“畜生”，男/中（複合詞：tiryag-）。yamasya：yama，“閻魔”，男單屬。śāsane：śāsana，“領域”，中單位。jātijarāvyādhipīḍitā：jāti-jarā-vyādhi-pīḍitā，“生、老、疾病的折磨”。» jāti：“出生”，女。jarā：“年老”，女。vyādhi：“疾病”，男。pīḍitā：pīḍita，pīḍ- X.，“折磨，壓迫”，過被分，男複主（pīḍitās）。anupūrvaṃ：anupūrvam，副，“逐步地”。praśāmyanti：pra-śam- IV.，“平息”，現在，直陳，

複三，爲他。prāṇinām：prāṇin，“人，有生命者”，男複屬（屬格表示：對於...來說）。

文句語譯：

而對於那些墮入地獄、畜生、死神之地，飽受困苦、惡趣、疾病煎熬的生靈來說，生、老、病的迫逼，將逐漸止息。

atha khalv Akṣayamatir hṛṣṭatuṣṭamanā imā gāthā abhāṣata

語句解釋：

atha：副，“於是，現在”。khalv：khalu，副，“現在”（末尾的 u 後接異類元音 a，變半元音 v）。Akṣayamatir：Akṣayamati，“無盡意（菩薩）”，男單主（Akṣayamatis）。hṛṣṭatuṣṭamanā：hṛṣṭa-tuṣṭa-manā，“喜悅滿足的心”。» hṛṣṭa：hṛṣ- IV.，“喜悅”，過被分。tuṣṭa：tuṣ- IV.，“滿足”，過被分。manā：manas，“心”，男單從（manas 本爲中性名詞，但於此作爲形容詞，故亦爲男性。manā 的-ā 語尾，是中期印度阿利安語 — 如巴利文 — 的單數從格形式：manasā，manasmā，manamhā，以代替古典梵文的 -āt；BHS Gram., 8.46, p.52）。imā：idam，指代，“這”，女複對（imās）。gāthā：gāthā，“偈頌”，女複對（gāthās）。abhāṣata：bhāṣ- I.，“說，唱頌”，現在，未完成過去，單三，爲自。

文句語譯：

正當那時，無盡意菩薩懷著喜悅和滿足的心情，唱說這些偈頌：

20. śubhalocano maitralocanaḥ
prajñājñānaviśiṣṭalocanaḥ |
kṛpālocanaḥ śuddhalocanaḥ
premaṇīyaḥ sumukhaḥ sulocanaḥ ||

語句解釋：

śubhalocano：śubha-locana，“（擁有）明亮的眼”，男單主（śubha-locanas）。» śubha：形，“清淨，光輝”。locana：“眼”，中。maitralocanaḥ：maitra-locana，“（擁有）仁慈的眼”，男單主（maitra-locanas）。» maitra：形，“慈愛”。prajñājñānaviśiṣṭalocanaḥ：prajñā-jñāna-viśiṣṭa-locanaḥ，“（擁有）因般若和智慧，而顯得卓爾不凡的眼”，男單主（prajñā-jñāna-viśiṣṭa-locanas）。» prajñā：“般若”，女。jñāna：“智慧”，中。viśiṣṭa：形，“卓越，顯著”。kṛpālocanaḥ：kṛpā-locanaḥ，“（擁有）慈悲的眼”，男單主（kṛpā-locanas）。» kṛpā：“慈悲”，女。śuddhalocanaḥ：śuddha-locana，“清淨的眼”，男單主（śuddha-locanas）。premaṇīyaḥ：premaṇīya，形，“漂亮，可愛”，男單主（premaṇīyas）。sumukhaḥ：su-mukha，形，“（擁有）好看的臉龐”，男單主（su-mukhas）。sulocanaḥ：su-locana，形，“（擁有）美麗的眼”，男單主（sulocanas）。

文句語譯：

（他擁有）明亮的眼睛、仁慈的眼睛、因爲般若和智慧而顯得卓越不凡的眼睛、充滿慈悲的眼睛、清淨的眼睛！（他有）俊美的臉龐，美麗的眼睛，是多麼令人喜愛啊！

21. amalāmalo nirmalaprabho
vitimirajñāno divākaraprabhaḥ |
aparāhatānalajvalaprabhaḥ
pratapanto jagati virocase ||

語句解釋：

amalāmalo：amala-amala，形，“無穢無垢”，男單主（amala-amalas）。nirmalaprabho：nirmala-prabhā，“無垢的光亮”。» nirmala：形，“無污垢”。prabhā：“光”，女（於複合詞末爲形容詞→男單主，nirmala-prabhas）。vitimirajñāno：vitimira-jñāna，“沒有黑暗的智慧”。» vitimira：形，“沒有黑暗”。jñāna：“智慧”，中（於此爲形容詞→男單主，vitimira-jñānas）。divākaraprabhaḥ：divākara-prabhā，“太陽光”。» divākara：“太陽”，男。prabhā：“光”，女（於複合詞末爲形容詞→男單主，divākara-prabhas）。aparāhatānalajvalaprabhaḥ：aparāhata-anala-jvala-prabhā，“不會熄滅，如火般發亮的光芒”。» aparāhata：形，“不會熄滅”。anala：“火”，男。jvala：形，“發亮”。prabhā：“光”，女（於複合詞末爲形容詞→男單主，aparāhata-anala-jvala-prabhas）。pratapanto：

pra-tapat，pra-tap- I.，“發光，照耀”，現主分，男單主（pratapantas*）。jagati：jagat，“世界”，中單位。virocase：vi-ruc- I.，“照耀”，現在，直陳，單二，爲自。

*-at 語幹的名詞或形容詞，在佛教梵文中，男單主或會變成 -ntas，-nto；BHS Gram. , 18.1, 18.6, p. 102。

文句語譯：

他（擁有）純淨的、無穢無垢的光明，遠離昏闇的智慧，（有如）太陽的光輝，永不熄滅，如火焰般發亮的光芒。您閃閃生輝，在世界照耀（光照世界）。

22. kṛpāsadguṇamaitragarjitaḥ
    śubhaguṇo maitramanā mahāghanaḥ |
    kleśāgniṃ śāmyasi prāṇināṃ
    dharmavarṣam amṛtaṃ pravarṣasi ‖

語句解釋：

kṛpāsadguṇamaitragarjitaḥ：kṛpā-sadguṇa-maitra-garjitaḥ，“具慈悲的正德，仁愛之心沛然莫之能禦”。» sadguṇa：“正德”，男。garjitaḥ：garjita，garj- I.，“澎湃，激動”，過被分，男單主（garjitas）。śubhaguṇo：śubha-guṇa，“清淨功德”，男單主（śubhaguṇas）。maitramanā：maitra-manas，“仁愛之心”。» manā：manas，“心”，男單從（解釋見第 19 偈）。mahāghanaḥ：mahā-ghana，“大雲。» ghana：雲，男單主（ghanas）。kleśāgniṃ：kleśa-agni，“煩惱之火”，

男單對（kleśa-agnim）。śāmyasi：śam- IV.，“平息”，現在，直陳，單二，爲他。prāṇinām：prāṇin，“人，有生命者”，男複屬（prāṇinām）。dharmavarṣam：dharma-varṣa，“法雨”。» dharma：“法，教法”，男。varṣa：“雨”，男單對。amṛtam：amṛta，“甘露”，中單對（amṛtam）。pravarṣasi：pra-vṛṣ- I.，“降雨”，現在，直陳，單二，爲他。

文句語譯：

具慈悲的正德，仁愛之心沛然不可竭止；清淨的功德，慈愛之心，（仿如）宏大的妙雲。

您平息眾生的煩惱之火，降下甘露法雨。

23. kalahe ca vivādavigrahe
narasaṃgrāmagate mahābhaye |
smarann Avalokiteśvaraṃ
praśāmyeyur arisaṅghapāpakāḥ ||

語句解釋：

kalahe：kalaha，“紛爭”，男單位。vivādavigrahe：vivāda-vigrahe，“諍論和戰爭”。» vivāda：“諍論”，男。vigrahe：vigraha，“衝突”，男單位。narasaṃgrāmagate：nara-saṃgrāma-gate，“在人類的戰場上”。» nara：“人”，男。saṃgrāma：“戰爭”，男。gate：gata，gam- I.，“在...”，過被分，男單位。mahābhaye：mahā-bhaya，“很大的危險”，中單位。samarann：smarat， smṛ- I.，“憶念”，現主分，

男單主（smaran；除了 m 外，位於短元音之後的鼻音，若後接元音，必須重疊 → smarann。）Avalokiteśvaraṃ：Avalokiteśvara，“觀世音（菩薩）”，男單對（Avalokiteśvaram）。praśāmyeyur：pra-śam- IV.，“平息，鎮壓”，現在，願望，複三，爲他（praśāmyeyus；末尾的 s 後接元音，且前接 a、ā 以外的元音，故變成 r。）。arisaṅghapāpakāḥ：ari-saṅgha-pāpaka，“邪惡的敵軍”。» ari：“敵人”，男。saṅgha：“（敵）軍”，男。pāpaka：形，“邪惡”，男複主（ari-saṅgha-pāpakās）。

文句語譯：

在紛爭、論諍、和衝突中，在人類的戰場上，若遇到極大的危險，（只要）一直繫念觀世音，便可鎮壓邪惡的敵軍。

24. meghasvaro dundubhisvaro
jaladharagarjito brahmasusvaraḥ |
svaramaṇḍalapāramiṃgataḥ
smaraṇīyo 'valokiteśvaraḥ ||

語句解釋：

meghasvaro：megha-svara，“雲音”。» megha：“雲”，男。svara：“音”，男單主（megha-svaras）。dundubhisvaro：dundubhi-svara，“大鼓之音”，男單主（dundubhi-svaras）。jaladharagarjito：jaladhara-garjita，“海潮澎湃”。» jaladhara：“海洋”，男。garjito：garjita，garj- I.，“澎湃，激動”，

過被分，男單主（garjitas）。**brahmasusvaraḥ**：brahmasu-svara，“梵天之音”。» brahmasu：brahman，“梵天”，中複位。**svaramaṇḍalapāramiṃgataḥ**：svara-maṇḍala-pāramiṃ-gataḥ，“達致最圓滿的聲音”。» maṇḍala：“大圓滿”，中。pāramiṃ-gataḥ：pāramiṃ-gata，形，“成就”，男單主（pāramiṃ-gatas）。**smaraṇīyo**：smaraṇīya，smṛ- I.，“應該繫念”，未被分，男單主（smaraṇīyas）。**'valokiteśvaraḥ**：Avalokiteśvara，“觀世音”，男單主（Avalokiteśvaras）。

文句語譯：

如雲端之音，如大鼓之音，如海潮澎湃之音，如梵天之音，（這）是達致最圓滿（階位）的聲音，（是故）觀世音應被繫念。

25. smarata smarata mā kāṅkṣata
śuddhasattvam Avalokiteśvaram |
maraṇe vyasana upadrave
trāṇaṃ bhavati śaraṇaṃ parāyaṇam ||

語句解釋：

smarata：smṛ- I.，“繫念”，現在，命令，複二，爲他。**mā**：品，“勿...”（表示禁止）。**kāṅkṣata**：kāṅkṣ- I.，“遲疑”，現在，命令，複二，爲他。**śuddhasattvam**：śuddha-sattva，“清淨的有情”，男/中單對。**Avalokiteśvaram**：Avalokiteśvara，“觀世音”，男單對。**maraṇe**：maraṇa，“死亡”，中單位。**vyasana**：“逆境，困境”，中單位（vyasane；

末尾的 e 後接 a 以外的元音，變爲 a)。upadrave：upadrava，“不幸”，男單位。trāṇaṃ：trāṇa，“救濟”，中單主（trāṇam)。bhavati：bhū- I.，“是，存在”，現在，直陳，單三，爲他。śaraṇaṃ：śaraṇa，“避難所”，中單主（śaraṇam)。parāyaṇam：parāyaṇa，“最終的皈依”，中單主（parāyaṇam)。

文句語譯：

你們應繫念，繫念清淨有情觀世音，切莫遲疑。在瀕臨死亡、危難、災禍之際，他是救濟、庇蔭，和最後的皈依。

26. sarvaguṇapāramiṃgataḥ
sarvasattvakṛpāmaitralocanaḥ |
guṇabhūto mahāguṇodadhir
vandanīyo 'valokiteśvaraḥ ||

語句解釋：

sarvaguṇapāramiṃgataḥ：sarva-guṇa-pāramiṃgata，“成就了一切功德”。» sarva：代形，“一切”。guṇa：“功德”，男。pāramiṃgata：pāramiṃ-gata，形，“成就，到達”，男單主（pāramiṃ-gatas)。sarvasattvakṛpāmaitralocanaḥ：sarva-sattva-kṛpā-maitra-locana，“以慈悲仁愛之眼，觀一切衆生”。» sarva：代形，“一切”。sattva：“衆生”，男/中。kṛpā：“慈悲”，女。maitra：形，“仁愛”。locana：“眼”，中；於此作形容詞→男單主（maitra-locanas)。guṇabhūto：

guṇa-bhūta，“功德的化身”。» guṇa：“功德”，男。bhūta：“...的存在、狀態，化身”，男單主（bhūtas）。mahāguṇodadhir：mahāguṇa-udadhi，“大功德海”。» mahāguṇa，“大功德”，男。udadhi：“海”，男單主（mahāguṇa-udadhis）。vandanīyo：vandanīya，vand- I.，“應被禮敬”，未被分，男單主（vandanīyas）。Avalokiteśvaraḥ：Avalokiteśvara，“觀世音”，男單主（Avalokiteśvaras）。

文句語譯：

觀世音已成就一切功德，他以慈悲仁愛之眼，觀照所有眾生；他是功德的化身，是無量功德海，是故應受禮敬。

27. yo 'sāv anukampako jagati
buddho bhaviṣyaty anāgate 'dhvani |
sarvaduḥkhabhayaśokanāśakaṃ
praṇamāmy Avalokiteśvaram ||

語句解釋：

yo 'sāv：yas asau，“那個”。» yas：yad，關代，“那”，男單主。asau：adas，指代，“他”，男單主（au 在元音前變 āv）。anukampako：anukampaka，形，“慈悲甚深”，男單主（anukampakas）。jagati：jagat，“世界”，中單位。buddho：buddha，“佛，覺者”，男單主（buddhas）。bhaviṣyaty：bhū- I.，“成爲”，未來，直陳，單三，爲他（bhaviṣyati；末尾的 i 後接異類元音 a，變 y）。anāgate：

anāgata，形，“未來”，男單位。'dhvani：adhvan，“時，日子”，男單位（adhvani）。sarvaduḥkhabhayaśokanāśakaṃ：sarva-duḥkha-bhaya-śoka-nāśakaṃ，“一切痛苦、恐怖、悲傷、都會消除”。» sarva：代形，“一切”。duḥkha：“苦”，中。bhaya：“恐怖”，中。śoka：“悲哀”，男。nāśakaṃ：nāśaka，形，“消滅”，男單對（nāśakam）。praṇamāmy：pra-ṇam- I.，“禮拜”，現在，直陳，單一，爲他（praṇamāmi）。Avalokiteśvaram：Avalokiteśvara，“觀世音”，男單對。

文句語譯：

他 — 對世間（的眾生）慈悲甚深 — 在未來時，應當成佛，滅除一切痛苦、恐怖、悲哀。我今頂禮觀世音。

28. lokeśvaro rājanāyako
bhikṣur dharmākaro lokapūjitaḥ |
bahukalpaśatāni caritvā ca
prāpto bodhiṃ virajām anuttarām ||

語句解釋：

lokeśvaro：loka-īśvara，“世自在”，男單主（lokeśvaras）。rājanāyako：rāja-nāyaka，“王的指導者”。» rāja：rājan，“王”，男。nāyaka：“導師”，男單主（rāja-nāyakas）。bhikṣur：bhikṣu，“比丘”，男單主（bhikṣus）。dharmākaro：dharma-ākara，“法藏”。» dharma：“法”，男。ākara：“鑛山，鑛脈”，男單主（ākaras）。lokapūjitaḥ：loka-pūjitaḥ，

“受世間供養”。» pūjitaḥ：pūjita，pūj- X.，“供養”，過被分，男單主（pūjitas）。bahukalpaśatāni：bahu-kalpa-śatāni，“無數百劫”。» bahu：形，“很多”。kalpa：“劫”，男。śatāni：śata，基數，“百”，中複對。caritvā：car- I.，動名，“修行”。prāpto：prāpta，pra-āp- V.，“獲得”，過被分，男單主（prāptas）。bodhiṃ：bodhi，“菩提”，女單對（bodhim）。virajām：viraja，形，“無垢”，女單對。anuttarām：anuttara，形，“無上”，女單對。

文句語譯：

（他是）世自在王的導師、法藏比丘，受到世間的供養。經過無數百劫以來的修行，他已證得無垢的無上菩提。

29. sthito dakṣiṇavāmatas tathā
vījayanto 'mitābhanāyakam |
māyopamas taṃ samādhinā
sarvakṣetreṣu jinagandham apūpujat ||

語句解釋：

sthito：sthita，sthā- I.，“站立”，過被分，男單主（sthitas）。dakṣiṇavāmatas：dakṣiṇa-vāmatas，“右側、左側”。» dakṣiṇa：形，“右”。vāmatas：vāma，形，“左”，男單從。tathā：副，“那樣”。vījayanto：vījayat，vīj- I.，“搧風”，使役現主分，男單主（vījayantas；解釋見第 21 條*）。'mitābhanāyakam：Amitābha-nāyaka，“無量光佛導師”。

» Amitābha：“無量光佛”，男。nāyaka：“導師（佛菩薩的通稱）”，男單對（nāyakam）。māyopamas：māyā-upamas，“仿如幻影”。 » māyā：“幻像，幻影”，女。upamas：upama，形，“相似，等同”，男單主（upamas）。taṃ：tad，指代，“那”，男單對（tam）。samādhinā：samādhi，“冥想”，男單具。sarvakṣetreṣu：sarva-kṣetreṣu，“一切國土”。» sarva：代形，“一切”。kṣetreṣu：kṣetra，“國土”，中複位。jinagandham：jina-gandham，“勝者的香氣”（cf. gandhika：“having the odor of...”, BHS Dict., p.210）。» jina：“勝者（佛）”，男。gandham：gandha，“香”，男單對。apūpujat：pūj- X.，“供養，禮拜”，不定過去，單三，爲他。

文句語譯：

如是，（觀世音）站在無量光佛的右側或左側，爲佛搧涼；又透過冥想（的力量），仿似幻影一樣，於一切國土（現身），供養那勝者（佛）的香氣。

30. diśi paścime yatra sukhākarā
    lokadhātur virajā Sukhāvatī |
    yatraiṣo 'mitābhanāyakaḥ
    samprati tiṣṭhati sattvasārathiḥ ||

語句解釋：

diśi：diś，“方位”，女單位。paścime：不變化，“在西方”。

yatra：副，“在那裡”。sukhākarā：sukha- ākara，“集合了幸福”。» sukha：形，“幸福，快樂”。ākara：“結集”，男（於此爲形容詞→女單主：sukha-ākarā）。lokadhātur：loka-dhātu，“世界”，女單主（lokadhātus）。virajā：viraja，形，“無垢”，女單主。Sukhāvatī：“極樂”，女單主。yatraiṣo：yatra-eṣas。» yatra：副，“在那裡”。eṣas：etad，指代，“這”，男單主。'mitābhanāyakaḥ：Amitābha-nāyaka，“無量光佛導師”。» Amitābha：“無量光佛”，男。nāyaka：“導師（佛菩薩的通稱）”，男單主（Amitābha-nāyakas）。samprati：副，“現在”。tiṣṭhati：sthā- I.，“居住，存在”，現在，直陳，單三，爲他。sattvasārathiḥ：sattva-sārathi，“眾生的御者”，男單主（sattva-sārathis）。

文句語譯：

在西方，那裡聚集了幸福，有清淨的極樂世界。這尊無量光佛 — 眾生的御者 — 目前正安住在那裡。

31. na ca strīṇāṃ tatra sambhavo
    nāpi ca maithunadharmaḥ sarvaśaḥ |
    upapādukās te jinaurasāḥ
    padmagarbheṣu niṣaṇṇā nirmalāḥ ||

語句解釋：

na ca：“而不會...”。strīṇāṃ：strī，“婦女”，女複屬（strīṇām）。tatra：副，“在那裡”。sambhavo：sambhava，

“生育”，男單主（sambhavas）。nāpi ca：na-api ca，“也不會…”。maithunadharmaḥ：maithuna-dharma，“性交的習慣”。» maithuna：“性交，交配”，男/中。dharmaḥ：dharma，“習慣”，男單主（maithuna-dharmas）。sarvaśaḥ：sarvaśas，副，“完全地”。upapādukās：upapāduka，形，“自己生產，self-produced”，男複主。te jinaurasāḥ：“那些佛子”。» te：tad，指代，“那”，男複主。jinaurasāḥ：jina-aurasa，“（勝者之子）佛子”。→jina：“勝者（佛）”，男。aurasa：“兒子”，男複主（jinaurasās）。padmagarbheṣu：padma-garbha，“蓮花胎”。» padma：“蓮花”，男/中。garbha：“胎”，男複位。niṣaṇṇā：niṣaṇṇa，ni-sad- I.，“坐，就位”，過被分，男複主（niṣaṇṇās）。nirmalāḥ：nirmala，形，“無染”，男複主（nirmalās）。

文句語譯：

在那裡，婦女們既不生育，亦完全沒有男女交合的習慣。那些純淨的勝者之子（佛子），坐在蓮花胎裡，都是自生的。

32. sa caivāmitābhanāyakaḥ
padmagarbhe viraje manorame |
siṃhāsane saṃniṣaṇṇakaḥ
śālarājeva yathā virājate ‖

語句解釋：

sa caivāmitābhanāyakaḥ：sas-ca-eva-Amitābha-nāyaka，“而

那無量光佛導師”。» Amitābha-nāyaka：“無量光佛導師”。→ Amitābha：“無量光佛”，男。nāyaka：“導師（佛菩薩的通稱）”，男單主（nāyakas）。padmagarbhe：padma-garbha，“蓮花胎”。» padma：“蓮花”，男/中。garbha：“胎”，男單位。viraje：viraja，形，“無垢”，男單位。manorame：manorama，形，“美好”，男單位。siṃhāsane：siṃha-āsana：“師子座”。» siṃha：“獅子”，男。āsana：“座位”，中單位。saṃniṣaṇṇakaḥ：saṃ-niṣaṇṇaka，形，“端坐著”，男單主（saṃniṣaṇṇakas）。śālarājeva：śāla-rājā-iva，“像娑羅（śāla）王一樣”。» śāla-rājā：Śāla-rājan，“娑羅王”，男單主；Śāla 即佛涅槃地娑羅樹林。iva：連，“如同...”。yathā：關代，“那樣”。virājate：vi-rāj- I.，“發亮”，現在，直陳，單三，爲自。

文句語譯：

而那無量光佛，在清淨、美好的蓮花胎裡，端坐在獅子座上，像娑羅王（佛）那樣，發出光芒。

33. so 'pi tathā lokanāyako
    yasya nāsti tribhave sadṛśaḥ |
    yad mayā puṇyaṃ stutvā saṃcitaṃ
    kṣipraṃ bhavāmi yathā tvaṃ narottama ||

語句解釋：

so 'pi：sas-api，“他亦...”。» sas：tad，指代，“他”，男

單主。**tathā**：副，“那樣”。**lokanāyako**：loka-nāyaka，“世間的導師”，男單主（lokanāyakas）。**yasya**：yad，關代，“其，他的”，男單屬。**nāsti**：na asti，“不是”。» asti：as- II.，“是，存在”，現在，直陳，單三，爲他。**tribhave**：tribhava，“三界”，男單位。**sadṛśaḥ**：sadṛśa，形，“相似，同樣”，男單主（sadṛśas）。**yad**：副，“that”（用於引用句或直述句之首，以開導下接的思想或說話內容。句末可包含、或不含 iti）。**mayā**：mad，人代，“我”，單具。**puṇyaṃ**：puṇya，“有福德，吉祥”，中單主（puṇyam）。**stutvā**：stu- II.，動名，“稱讚”。**saṃcitaṃ**：saṃcita，sam-ci- V.，“累積”，過被分，中單主（saṃcitam）。**kṣipraṃ**：kṣipram，副，“迅速，立刻”。**bhavāmi**：bhū- I.，“成爲”，現在，直陳，單一，爲他。**yathā**：關代，“那樣”。**tvaṃ**：tva，人代，“你”，單主（tvam）。**narottama**：narottama，“人上人（指佛陀），至高無上者”，男單呼。» nara：“人”，男。uttama：形，“最好”。

文句語譯：

他同時是世間的導師，在三界中無與倫比。我讚嘆（您）累積的福德。至高無上者啊，願我早日和您一樣！

六、法華經如來壽量品

Saddharmapuṇḍarīkasūtra
Tathāgatāyuṣ-Pramāṇa-Parivartaḥ

六、法華經如來壽量品

Saddharmapuṇḍarīkasūtra
Tathāgatāyuṣ-Pramāṇa-Parivartaḥ

選 文

1. acintyāḥ kalpasahasrakoṭīr
yāsāṃ pramāṇaṃ na kadācid vidyate |
prāptā mayaiṣā tadāgrabodhir
dharmaṃ ca deśayāmy ahaṃ nityakālam ||

2. samādāpayāmi bahubodhisattvān
bauddhe jñāne sthāpayāmi caiva |
sattvān koṭiniyutān anekān
paripācayāmi bahukalpakoṭīḥ ||

3. nirvāṇabhūmiṃ copadarśayāmi
vinayārthaṃ sattvānāṃ vadāmy upāyam |
na cāpi nirvāmy ahaṃ tasmin kāle
ihaiva ca dharmaṃ prakāśayāmi ||

4. tatrāpi cātmānam adhitiṣṭhāmi
sarvāṃś ca sattvān tathaiva cāham |
viparītabuddhayaś ca narā vimūḍhās
tatraiva tiṣṭhantaṃ nādrākṣur mām ||

5. parinirvṛtaṃ dṛṣṭvā mamātmabhāvaṃ
dhātuṣu pūjāṃ vividhāṃ kurvanti |
māṃ cāpaśyanti janayanti tṛṣṇāṃ
tata ṛjukaṃ cittaṃ prabhavati teṣām ||

6. ṛjavo yadā te mṛdavo mārdavāś
cotsṛṣṭakāmāś ca bhavanti sattvāḥ |
tato 'haṃ śrāvakasaṅghaṃ kṛtvā-
tmānaṃ darśayāmy ahaṃ Gṛdhrakūṭe ||

7. evaṃ cāhaṃ teṣāṃ vadāmi paścāt
ihaiva nāhaṃ tadāsaṃ nirvṛtaḥ |
upāyakauśalyo mameti bhikṣavaḥ
punaḥ punar bhavāmy ahaṃ jīvaloke ||

8. anyair sattvaiḥ puraskṛto 'haṃ
teṣāṃ prakāśayāmi mamāgrabodhim |
yūyaṃ ca śabdaṃ na śṛṇutha mamā-
nyatra sa nirvṛto lokanāthaḥ ||

9. paśyāmy ahaṃ sattvān vihanyamānān
na cāhaṃ darśayāmi tadātmabhāvam |
spṛhayantu tāvad mama darśanasya
tṛṣṭānāṃ saddharmaṃ prakāśayiṣyāmi ||

10. sadādhiṣṭhānaṃ mamaitad īdṛśam
acintyāḥ kalpasahasrakoṭīḥ |
na ca cyavāmīto Gṛdhrakūṭād
anyāsu śayyāsanakoṭiṣu ca ||

11. yadāpi sattvā imaṃ lokadhātuṃ
paśyanti kalpayanti ca dahyamānam |
tadāpi cedaṃ mama buddhakṣetraṃ
paripūrṇaṃ bhavati marumānuṣāṇām ||

12. krīḍā ratayas teṣāṃ vicitrā bhavanti
udyānaprāsādavimānakoṭayaḥ |
pratimaṇḍitaṃ ratnamayaiś ca parvatair
drumais tathā puṣpaphalair upetaiḥ ||

13. upari ca devā abhihanti tūryān
mandāravarṣaṃ ca visarjayanti |
māṃ evābhyavakīrya śrāvakāṃś ca
ye cānye bodhāv iha prasthitā vidavaḥ ||

14. evaṃ ca me kṣetram idaṃ sadā sthitam
anye ca kalpayantīdaṃ dahyamānam |
subhairavam adīdṛśur lokadhātum
upadrutaṃ śokaśatābhikīrṇam ||

15. na cāpi me nāma śṛnvanti jātu
tathāgatānāṃ bahukalpakoṭibhiḥ |
dharmasya vā mama gaṇasya cāpi
pāpasya karmanaḥ phalam evaṃrūpam ||

16. yadā tu sattvā mṛdavo mārdavāś ca
utpannā bhavantīha manuṣyaloke |
utpannamātrāś ca śubhena karmaṇā
paśyanti māṃ dharmaṃ prakāśayantam ||

17. na cāhaṃ bhāṣāmi kadā cit teṣām
imāṃ kriyām īdṛśikām anantām |
tenāhaṃ dṛṣṭaś cirasya bhavāmi
tato 'pi bhāṣāmi sudurlabhā jināḥ ||

18. etādṛśaṃ jñānabalaṃ mamedaṃ
prabhāsvaraṃ yasya na kaścid antaḥ |
āyuś ca me dīrgham anantakalpaṃ
samupārjitaṃ pūrve caritvā caryām ||

19. mā saṃśayam atra kurudhvaṃ paṇḍitā
vicikitsitaṃ ca jahatāśeṣam |
bhūtāṃ prabhāṣāmy aham etāṃ vācaṃ
mṛṣā mama naiva kadā cid vāg bhavet ‖

20. yathā hi sa vaidya upāyaśikṣito
viparītasañjñināṃ sutānāṃ hetoḥ |
jīvantam ātmānaṃ mṛtam iti brūyāt
taṃ vaidyaṃ vijño na mṛṣā codayet ‖

21. evam evāhaṃ lokapitā svayaṃbhūś
cikitsakaḥ sarvaprajānāṃ nāthaḥ |
viparītamūḍhāṃś ca viditvā bālān
anirvṛto nirvṛtaṃ darśayāmi ‖

22. kiṃkāraṇaṃ mamābhīkṣṇadarśanād
viśraddhā bhavanty abuddhā ajānakāḥ |
viśvastāḥ kāmeṣu pramattā bhavanti
pramādahetoḥ prapatanti durgatim ‖

23. caryāṃ caryāṃ jñātvā nityakālaṃ
vadāmi sattvānāṃ tathā tathāham |
kathaṃ nu bodhāv upanāmayeyaṃ
kathaṃ buddhadharmānāṃ bhaveyur lābhinaḥ ‖

釋 義

1. acintyāḥ kalpasahasrakoṭīr
yāsāṃ pramāṇaṃ na kadācid vidyate |
prāptā mayaiṣā tadāgrabodhir
dharmaṃ ca deśayāmy ahaṃ nityakālam ||

語句解釋：

acintyāḥ：acintya，形，“不可思議”，女複對（acintayās）。kalpasahasrakoṭīr：kalpa-sahasra-koṭi，“數千俱胝之劫”。» kalpa：“劫（無量的時間）”，男。sahasra：基數，“千”，中。koṭi：基數，“千萬”，女複對（kalpa-sahasra-koṭīs；末尾的 s 後接半元音 y，變 r）。yāsāṃ：yad，關代，“其”，女複屬（yāsām）。pramāṇaṃ：pramāṇa，“量，長度”，中單主（pramāṇam）。na kadācid：“永不”。vidyate：vid- II.，“知道”，現在，直陳，單三，被動。prāptā：prāpta，pra-āp- V.，“獲得，到達”，過被分，女單主。mayaiṣā：mayā-eṣā。» mayā：mad，人代，“我”，單具。eṣā：etad，指代，“這”，女單主。tadāgrabodhir：tadā-agra-bodhir。» tadā：副，“那時”。agra：形，“最高”。bodhir：bodhi，“菩提”，女單主（bodhis；末尾的 s 後接有聲輔音 dh，變 r）。dharmaṃ：dharma，“法”，男單對（dharmam）。ca：連，“並且”。deśayāmy：diś- VI.，“教導”，現在，直陳，單一，爲他，使役（deśayāmi；i 在異類元音前，變 y）。ahaṃ：aham，人代，“我”，單主。nityakālam：nitya-kālam，副，“任何

時候都…”。

文句語譯：

經過不可思議的數千俱胝之劫 — 其量（廣大無邊，）永不可知 — 那時，我已證得至高無上的菩提，自此以後，我從不間斷地教導正法。

2. samādāpayāmi bahubodhisattvān
bauddhe jñāne sthāpayāmi caiva |
sattvān koṭiniyutān anekān
paripācayāmi bahukalpakoṭīḥ ‖

語句解釋：

samādāpayāmi：sam-ā-dā- III.，“鼓舞，開導”，現在，直陳，單一，爲他，使役（i 後接異類元音，變 y）。**bahubodhisattvān**：bahu-bodhisattvān，“無數菩薩（求道者）”。» bahu：形，“很多”。bodhisattvān：“菩薩”，男複對。**bauddhe**：bauddha，形，“佛的”，中單位。**jñāne**：jñāna，“智慧”，中單位。**sthāpayāmi**：sthā- I.，“使安住”，現在，直陳，單一，爲他，使役。**caiva**：ca-eva，“既，又”。**sattvān**：sattva，“眾生”，男複對。**koṭiniyutān**：koṭi-niyutān，“千億俱胝”。» koṭi：基數，“俱胝，千萬”，女。niyutān：niyuta，“千億”，男複對。**anekān**：aneka，形，“很多，若干”，男複對。**paripācayāmi**：pari-pac- I.，“成熟”，現在，直陳，單一，爲他，使役。**bahukalpakoṭīḥ**：

bahu-kalpa-koṭi，“無數俱胝之劫”。» bahu：形，“很多”。kalpa：“劫（無量的時間）”，男。koṭi：基數，“俱胝，千萬”，女複對（bahu-kalpa-koṭīs）。

文句語譯：

我開導無數的求道者（菩薩），而且讓他們安住在佛的智慧之中。在無量俱胝之劫裡，我令千萬、千億的無數眾生，得以成熟。

3. nirvāṇabhūmiṃ copadarśayāmi
vinayārthaṃ sattvānāṃ vadāmy upāyam |
na cāpi nirvāmy ahaṃ tasmin kāle
ihaiva ca dharmaṃ prakāśayāmi ‖

語句解釋：

nirvāṇabhūmiṃ：nirvāṇa-bhūmi，“涅槃境地”。» nirvāṇa：“滅，涅槃”，中。bhūmi：“地”，女單對（bhūmim）。copadarśayāmi：ca-upadarśayāmi，“我並展示”。» upadarśayāmi：upa-dṛś- I.，“展示”，現在，直陳，單一，爲他，使役。vinayārthaṃ：vinaya-arthaṃ，“爲了調伏”。» vinaya：“調伏”，男。-arthaṃ：-artham，“爲了…”。sattvānāṃ：sattva，“眾生”，男/中複屬（sattvānām）。vadāmy：vad- I.，“說”，現在，直陳，單一，爲他（vadāmi；末尾的 i 後接異類元音，變 y）。upāyam：upāya，“方便，手段”，男單對。na cāpi：na ca-api，“即使（那時），也

不...”。nirvāmy：nis-vā- II.，“入滅”，現在，直陳，單一，爲他（nirvāmi；末尾的 i 後接異類元音，變 y）。ahaṃ：mad，人代，“我”，單主（aham）。tasmin kāle：tad-kāla，“在那時”，男單位。ihaiva ca：iha-eva ca，“而且，正好在這裡”。» iha：副，“在這裡，在這世界”。dharmaṃ：dharma，“法”，男單對（dharmam）。prakāśayāmi：pra-kāś- I.，“開示”，現在，直陳，單一，爲他，使役。

文句語譯：

我示現涅槃境地，爲調伏眾生，宣說方便法門。即使這樣，那時候，我沒有入涅槃，而是在此世間，開示正法。

4. tatrāpi cātmānam adhitiṣṭhāmi
sarvāṃś ca sattvān tathaiva cāham |
viparītabuddhayaś ca narā vimūḍhās
tatraiva tiṣṭhantaṃ nādrākṣur mām ||

語句解釋：

tatrāpi：tatra-api，“也在那裡”。» tatra：副，“那裡”。api：副，“也，而且”。cātmānam：ca-ātmānam，“和自己”。» ātman：“自己”，男單對（ātmānam）。adhitiṣṭhāmi：adhi-sthā- I.“控制，支配”，現在，直陳，單一，爲他。sarvāṃś：sarva，代形，“一切”，男複對（sarvān；末尾的 n 後接硬腭輔音 c →ṃś）。sattvān：sattva，“眾生”，男複對。tathaiva：tathā-eva，“就像那樣地”。cāham：ca-aham，

“和我”。» aham：mad，人代，“我”，單主。**viparītabuddhayaś**：viparīta-buddhi，“理性顛倒（的人）”。» viparīta：形，“顛倒”。buddhi：“理性”，女複主（buddhayas；末尾的 s 後接硬腭音 c，變 ś）。**narā**：nara，“人”，男複主（narās）。**vimūḍhās**：vimūḍha，形，“愚昧”，男複主。**tatraiva**：tatra-eva，“就算在那裡”。» tatra：副，“那裡”。eva：副，“就算”。**tiṣṭhantaṃ**：tiṣṭhat，sthā- I.“站立”，現主分，男單對（tiṣṭhantam）。**nādrākṣur**：na adrākṣur，“看不見”。» adrākṣur：dṛś- I.，“看見”，不定過去，複三，爲他。**māṃ**：mad，人代，“我”，單對。

文句語譯：

在那裡，我調御自身和一切眾生。可是，（那些）理智顛倒，和愚昧無知的人們，就算我站在那裡，也看不到我。

5. parinirvṛtaṃ dṛṣṭvā mamātmabhāvaṃ
dhātuṣu pūjāṃ vividhāṃ kurvanti |
māṃ cāpaśyanti janayanti tṛṣṇāṃ
tata ṛjukaṃ cittaṃ prabhavati teṣām ||

語句解釋：

parinirvṛtaṃ：parinirvṛta，pari-nir-vṛ- V.，“完全入滅”，過被分，男單對（parinirvṛtam）。**dṛṣṭvā**：dṛś- I.，動名，“看見”。**mamātmabhāvaṃ**：mama-ātmabhāvaṃ，“我的肉身”。» mama：mad，人代，“我”，單屬。ātmabhāvaṃ：

ātmabhāva，“身體”，男單對（ātmabhāvam）。dhātuṣu：dhātu，“遺骨”，男複位（位格表示以...爲目的，與...有關）。pūjāṃ：pūjā，“供奉”，女單對（pūjām）。vividhāṃ：vividha，形，“形形色色的”，女單對（vividhām）。kurvanti：kṛ- VIII.，“進行，做”，現在，直陳，複三，爲他。māṃ：mad，人代，“我”，單對（mām）。cāpaśyanti：ca-a-paśyanti，“雖然他們看不見”。» a-paśyanti：paś- IV.，“看”，現在，直陳，複三，爲他。a-：表示否定→“看不見”。janayanti：jan- IV.，“生起”，現在，直陳，複三，爲他，使役。tṛṣṇāṃ：tṛṣṇā，“渴望”，女單對（tṛṣṇām）。tata：tatas，副，“因而”（as 在 a 以外的元音前，變 a）。ṛjukaṃ：ṛjuka，形，“正確的”，中單主（ṛjukam）。cittaṃ：citta，“心”，中單主（cittam）。prabhavati：pra-bhū- I.，“存在，起來”，現在，直陳，單三，爲他。teṣām：tad，指代，“他”，男複屬。

文句語譯：

當他們看見我的肉身完全入滅後，會向遺骨進行形形色色的供養。他們雖然看不見我，卻會生起渴慕（之心），他們的心因此而變得純正清明。

6. ṛjavo yadā te mṛdavo mārdavāś
cotsṛṣṭakāmāś ca bhavanti sattvāḥ |
tato 'haṃ śrāvakasaṅghaṃ kṛtvā-
tmānaṃ darśayāmy ahaṃ Gṛdhrakūṭe ||

語句解釋：

ṛjavo：ṛju，形，“正直”，男複主（ṛjavas）。**yadā**：連，“當…之時”。**te**：tad，指代，“他們”，男複主。**mṛdavo**：mṛdu，形，“柔軟”，男複主（mṛdavas）。**mārdavāś**：mārdava，形，“平和，安樂”，男複主（mārdavās；末尾的 s 接硬腭音 c，變 ś）。**cotsṛṣṭakāmāś**：ca-utsṛṣṭa-kāmāś，“及已離欲的”。» utsṛṣṭa：ut-sṛj- VI.，“放下”，過被分。kāmāś：kāma，“欲望”，男複主（kāmās；末尾的 s 接硬腭輔音 c，變 ś）。**bhavanti**：bhū- I.，“變得”，現在，直陳，複三，爲他。**sattvāḥ**：sattva，“眾生”，男複主（sattvās）。**tato 'haṃ**：tatas aham，“於是，我”。» tatas：副，“於是”。ahaṃ：mad，人代，“我”，單主（aham）。**śrāvakasaṅghaṃ**：śrāvaka-saṅghaṃ，“聲聞眾”。» śrāvaka：“聲聞，弟子”，男。saṅghaṃ：“團體”，男單對（saṅgham）。**kṛtvā-tmānaṃ**：kṛtvā-ātmānaṃ。» kṛtvā：kṛ- VIII.，動名，“做，作（這裡指召集信眾）”。ātmānaṃ：ātman，“自己”，男單對（ātmānam）。**darśayāmy**：dṛś- I.，“使看見”，現在，直陳，單一，爲他，使役（darśayāmi；i 後接異類元音，變 y）。**Gṛdhrakūṭe**：Gṛdhrakūṭa，“靈鷲山”，男單位。

文句語譯：

當眾生（的心）變得正直、柔軟、平和，並已離欲時，我便會聚集一眾聲聞弟子，在靈鷲山上示現己身。

7. evaṃ cāhaṃ teṣāṃ vadāmi paścāt
ihaiva nāhaṃ tadāsaṃ nirvṛtaḥ |
upāyakauśalyo mameti bhikṣavaḥ
punaḥ punar bhavāmy ahaṃ jīvaloke ||

語句解釋：

evaṃ：evam，副，“如此”。**cāhaṃ**：ca-aham，“我又會”。**teṣāṃ**：tad，指代，“他”，男複屬（teṣām）。**vadāmi**：vad- I.，“說”，現在，直陳，單一，爲他。**paścāt**：不變化，“之後”。**ihaiva**：iha-eva，“就在這裡”。» iha：副，“在這裡”。**nāhaṃ**：na-aham，“我沒有...”（na 接下文的 āsaṃ nirvṛtaḥ）。**tadāsaṃ**：tadā-āsam。» tadā：副，“那時”。āsam：as- II.，“（狀態）存在，是”，現在，未完成過去，單一，爲他。**nirvṛtaḥ**：nirvṛta，nir-vṛ- V.，“入滅”，過被分，男單主（nirvṛtas）。**upāyakauśalyo**：upāya-kauśalyo，“善巧方便”。» upāya：“手段，方便”，男。kauśalyo：kauśalya，形，“善巧”，男單主（kauśalyas）。**mameti**：mama-iti。» mama：mad，人代，“我的”，單屬。iti：副，“因爲”。**bhikṣavaḥ**：bhikṣu，“比丘”，男複呼（bhikṣavas）。**punaḥ punar**：punar punar，副，“再三”（第一個 punar 的 r，後接 p，變 ḥ）。**bhavāmy**：bhū- I.，“存在”，現在，直陳，單一，爲他（bhavāmi；i 後接異類元音 a，變爲半元音 y）。**jīvaloke**：jīva- loka，“有生命者的世界”。» jīva：“生命”，男。loka：“世界”，男單位。

文句語譯：

接下來，我就在那裡向他們這樣宣說："比丘們啊，(其實)那時我並沒有入涅槃，因爲這是我的善巧方便而已。我會一而再地留在有生命者的世間。"

8. anyair sattvaiḥ puraskṛto 'haṃ
teṣāṃ prakāśayāmi mamāgrabodhim |
yūyaṃ ca śabdaṃ na śṛṇutha mamā-
nyatra sa nirvṛto lokanāthaḥ ‖

語句解釋：

anyair：anya，代形，"其他"，男/中複具（anyais；據古典梵文的外連聲規則，anyais 加上後接的 sattvaiḥ = anyaiḥ sattvaiḥ，而非 anyair，不過，按照佛教梵文的外連聲習慣，亦會以 r 代替 s，即使在無聲音前；cf. BHS Gram., 4.42. p.34）。sattvaiḥ：sattva，"眾生"，男/中複具（sattvais）。puraskṛto 'haṃ：puraskṛtas aham，"我受尊敬"。» puraskṛtas：puras-kṛta，puras-kṛ- VIII.，"受尊敬"，過被分，男單主。teṣāṃ：tad，指代，"他"，男複屬（teṣām）。prakāśayāmi：pra-kāś- I.，"開示"，現在，直陳，單一，爲他，使役。mamāgrabodhim：mama-agrabodhim，"我的最高開悟"。» mama：mad，人代，"我的"，單屬。agrabodhim：agra-bodhi，"最高的菩提"，女單對。yūyaṃ ca："而你們"。» yūyaṃ：tva，"你們"，複主（yūyam）。śabdaṃ：śabda，"言辭"，男單對（śabdam）。na śṛṇutha：

“你們不聽”。» śṛṇutha：śru- V.，“聽”，現在，直陳，複二，爲他。**mamā-nyatra**：mama-anyatra。» mama：mad，人代，“我的”，單屬。anyatra：副，“反而”。**sa nirvṛto**：“他入涅槃”。» sa：指代，tad，“他”，男單主（sas；在輔音之前→sa）。nirvṛto：nirvṛta，nir-vṛ- V.，“入滅”，過被分，男單主（nirvṛtas）。**lokanāthaḥ**：loka-nāthaḥ，“世界之庇護者”。» loka：“世界”，男。nāthaḥ：nātha，“庇護者”，男單主（nāthas）。

文句語譯：

我受到其他眾生的崇敬，並向他們開示我的最高證悟。（但是）你們不會聽信我的說話，反而（以爲）世間的庇護者已經入滅。

9. paśyāmy ahaṃ sattvān vihanyamānān
na cāhaṃ darśayāmi tadātmabhāvam |
spṛhayantu tāvad mama darśanasya
tṛṣṭānāṃ saddharmaṃ prakāśayiṣyāmi ||

語句解釋：

paśyāmy ahaṃ：paśyāmi-aham，“我看見”。» paśyāmi：paś- IV.，“看”，現在，直陳，單一，爲他。**sattvān**：sattva，“眾生”，男複對。**vihanyamānān**：vi-hanyamāna，vi-han- II.，“苦惱”，現被分，男複對。**na cāhaṃ darśayāmi**：na ca-aham darśayāmi，“但我不展示”。» darśayāmi：dṛś- I.，

"展示"，現在，直陳，單一，爲他，使役。tadātmabhāvam：tadā-ātmabhāvam。» tadā：副，"那時"。ātmabhāvam：ātmabhāva，"身體"，男單對（ātmabhāvam）。spṛhayantu：spṛh- X.，"願望"，現在，命令，複三，爲他。tāvad：tāvat，副，"當時"（末尾的 t 後接鼻輔音 m，變 d）。mama：mad，人代，"我"，單屬。darśanasya：darśana，"看見"，中單屬。tṛṣṭānāṃ：tṛṣṭa，"渴望（者）"，男/中複屬（tṛṣṭānām）。saddharmaṃ：saddharma，"正法"，男單對（saddharmam）。prakāśayiṣyāmi：pra-kāś- I.，"開示"，未來，單一，爲他，使役。

文句語譯：

我看見被苦惱煎熬的眾生，但不會在那時候展現我的肉身。那時，（先）讓他們盼望看到我吧！我將會爲渴望（見我）的人開示正法。

10. sadādhiṣṭhānaṃ mamaitad īdṛśam
acintyāḥ kalpasahasrakoṭīḥ |
na ca cyavāmīto Gṛdhrakūṭād
anyāsu śayyāsanakoṭiṣu ca ‖

語句解釋：

sadādhiṣṭhānaṃ：sadā-adhiṣṭhānaṃ。» sadā：副，"一向"。adhiṣṭhānaṃ：adhiṣṭhāna，"住處"，中單主（adhiṣṭhānam）。mamaitad：mama-etad。» mama：mad，人代，"我的"，

單屬。etad：etad，指代，“這個”，中單主（etat；末尾的 t 後接元音，變 d）。īdṛśam：īdṛśa，代形，“這樣”，中單主。acintyāḥ：acintya，形，“不可思議”，女複對（acintyās）。kalpasahasrakoṭīḥ：kalpa-sahasra-koṭī，“數千俱胝之劫”。» kalpa：“劫”，男。sahasra：基數，“千”，中。koṭi：“俱胝”，女複對（koṭīs）。na ca cyavāmīto：na ca cyavāmi-itas。» na ca，“卻不會”（見以下 na ca...ca...的解釋）。cyavāmi：cyu- I.，“走開”，現在，直陳，單一，爲他。itas：副，“從此”。Gṛdhrakūṭād：Gṛdhrakūṭa，“靈鷲山”，男單從（Gṛdhrakūṭāt；末尾的 t 後接元音，變爲 d）。anyāsu：anya，代形，“其他”，女複位。śayyāsanakoṭiṣu：śayyā-āsana-koṭiṣu。» śayyā：“床”，女。āsana：“座位”，中。koṭiṣu：“千萬”，女複位（在這兩句中，位格表示：儘管...，仍不......；這是絕對位格的條件式用法）。ca：連；接上文：na ca...ca...，“在任何時候，也不會...”。

文句語譯：

在不可思議的數千俱胝之劫裡，我的住處一向如此。儘管還有其他千萬個寢床座席，我卻不會從靈鷲山這處離開。

11. yadāpi sattvā imaṃ lokadhātuṃ
paśyanti kalpayanti ca dahyamānam |
tadāpi cedaṃ mama buddhakṣetraṃ
paripūrṇaṃ bhavati marumānuṣāṇām ||

語句解釋：

yadāpi：yadā-api，“儘管在當...時”。sattvā：sattva，“眾生”，男複主（sattvās；ās 後接元音，變 ā）。imaṃ：idam，指代，“這”，男單對（imam）。lokadhātuṃ：loka-dhātu，“世界”，男單對（lokadhātum）。paśyanti：paś- IV.，“看見”，現在，直陳，複三，爲他。kalpayanti：kḷp- I.，“感受”，現在，直陳，複三，爲他，使役。dahyamānam：dahyamāna，dah- I.，“燃燒”，現被分，男單對。tadāpi cedaṃ：tadā-api ca-idaṃ，“但即使那時，這...”» idaṃ：idam，“這”，中單主（idam）。mama：mad，人代，“我的”，單屬。buddhakṣetraṃ：buddha-kṣetra，“佛國土”，中單主（buddhakṣetram）。paripūrṇaṃ：paripūrṇa，pari-pṛ- IX.，“充滿”，過被分，中單主（paripūrṇam）。bhavati：bhū- I.，“存在，成爲”，現在，直陳，單三，爲他。marumānuṣāṇām：maru-mānuṣāṇām，“神（和）人”。» maru：“天神”，男。mānuṣāṇām：mānuṣa，“人類”，男複屬（“充滿”、“滿足”等意義，以屬格表示）。

文句語譯：

儘管當時眾生看見和感受到這個世界是燃燒著的，即使在那種情況下，我的佛國土（其實）是住滿天神和人類的。

12. krīḍā ratayas teṣāṃ vicitrā bhavanti
udyānaprāsādavimānakoṭayaḥ |
pratimaṇḍitaṃ ratnamayaiś ca parvatair

drumais tathā puṣpaphalair upetaiḥ ‖

語句解釋：

krīḍā：krīḍā，“遊戲”，女複主（krīḍās）。ratayas：rati，“享樂”，女複主。teṣāṃ：tad，指代，“他們”，男複屬（teṣām）。vicitrā：vicitra，形，“多色，各樣”，女複主（vicitrās）。bhavanti：bhū- I.，“存在，成爲”，現在，直陳，複三，爲他。udyānaprāsādavimānakoṭayaḥ：udyāna-prāsāda-vimāna-koṭayas，千萬個花園、樓閣、（天神的）鳳輦。» udyāna：“花園”，中。prāsāda：“樓臺”，男。vimāna：“（天神的）車駕”，男/中。koṭayas：koṭi，“千萬”，女複主（koṭayas）。pratimaṇḍitaṃ：pratimaṇḍita，prati-maṇḍ- X.，“裝飾”，過被分，中單主（pratimaṇḍitam）（這裡展示佛國土裡的種種裝飾，主詞實際上是buddha-kṣetra，因此pratimaṇḍita與中性名詞buddha-kṣetra相應，亦爲中性）。ratnamayaiś ca：ratna-mayais ca，“寶石造的，以及...”。» ratna-mayais：ratna-maya，“寶石造的”，中複具（ratna-mayais；末尾的 s 後接硬腭音 c，變爲 ś）。parvatair：parvata，“山”，男複具（parvatais；末尾的 s 後接有聲輔音 d，變爲 r）。drumais：druma，“樹木”，男複具。tathā：副，“那樣”。puṣpahalair：puṣpa-phalais，“花（和）果”，中複具（puṣpahalais）。» puṣpa：“花”，中。phalais：“果”，中複具（phalais；末尾的 s 後接元音 u，變爲 r）。upetaiḥ：upeta，形，“具備”，中複具（upetais）。

文句語譯：

他們（眾生）有種種的遊戲和享樂，（在那裡）有千千萬萬的花園、樓臺和天神的鳳輦。（佛國土）被寶山，以及結滿花果的樹木，那樣的裝飾起來。

13. upari ca devā abhihanti tūryān
mandāravarṣaṃ ca visarjayanti |
mām evābhyavakīrya śrāvakāṃś ca
ye cānye bodhāv iha prasthitā vidavaḥ ||

語句解釋：

upari ca：“並且在上方”。» upari：副，“在上面”。devā：deva，“天神”，男複主（devās）。abhihanti：abhi-han- II.，“敲擊”，現在，直陳，單三，爲他。tūryān：tūrya，“樂器”，男複對。mandāravarṣaṃ ca：mandāra-varṣaṃ ca，“和曼陀羅花雨”。» mandāra：“曼陀羅花”，男。varṣaṃ：varṣa，“雨”，男單對（varṣam）。visarjayanti：vi-sṛj- VI.，“下雨”，現在，直陳，複三，爲他，使役。mām：mad，人代，“我”，單對。evābhyavakīrya：eva- abhi-ava-kīrya。» eva：副，“正是”（接前面的 mām，“正向著我”之意）。abhi-ava-kīrya：abhi-ava-kṝ- VI.，動名，“散布”。śrāvakāṃś ca：śrāvakān ca，“和弟子們”。» śrāvakān：śrāvaka，“聲聞，弟子”，男複對（śrāvakān；末尾的 n 後接硬腭輔音 c，變成 ṃś）。ye：yad，關代，“那些”，男複主。cānye：ca-anye，“和其他的”。» anye：anya，代形，“其他”，男複主。 bodhāv：

bodhi，“菩提”，女單位（bodhau；末尾的 au 後接元音 i，變成 āv。位格表示欲達成的願望或目標）。iha：副，“目前”。prasthitā：prasthita，pra-sthā- I.，“追求”，過被分，男複主（prasthitās）。vidavaḥ：vidu，形，“智者”，男複主（vidavas）。

文句語譯：

諸神在天上敲擊樂器，降下曼陀羅花雨，散落在我和聲聞眾，以及其他尋求覺悟的智者（的身上）。

14. evaṃ ca me kṣetram idaṃ sadā sthitam
anye ca kalpayantīdaṃ dahyamānam |
subhairavam adīdṛśur lokadhātum
upadrutaṃ śokaśatābhikīrṇam ||

語句解釋：

evaṃ ca：evam ca，“而如是”。me：mad，人代，“我”，單屬。kṣetram：kṣetra，“國土”，中單主。idaṃ：idam，指代，“這”，中單主（idam）。sadā：副，“一向”。sthitam：sthā- I.，“存在，住”過被分，中單主。anye ca：“然而，其他人”。» anye：anya，代形，“其他”，男複主。kalpayantīdaṃ dahyamānam：kalpayanti-idaṃ dahyamānam，“感到這個在燃燒”。» kalpayanti：kḷp- I.，“想像，感受”，現在，直陳，複三，爲他，使役。idaṃ：idam，指代，“這”，中單對（idam）。dahyamānam：dahyamāna，dah- I.，“燃燒”，現被分，中單對。subhairavam：subhairava，形，“非常可

怖”，男單對。adīdṛśur：dṛś- I.，“看見”，(重複類)不定過去，複三，爲他。lokadhātum：loka-dhātu，“世界”，男單對(lokadhātum)。upadrutaṃ：upadruta，形，“不幸，遇難的”，男單對(upadrutam)。śokaśatābhikīrṇam：śoka-śata-abhikīrṇam，“充斥著百樣苦況”。» śoka：“悲哀，苦況”，男。śata：基數，“百”，中。abhikīrṇam：abhi-kīrṇa，abhi-kṝ- VI.，“充斥”，過被分，男單對。

文句語譯：

我的國土從來就是這樣，然而，他人卻感到它正在燃燒。他們視(這)世界，是極爲可怖(和)悲慘的，充斥著百般苦楚。

15. na cāpi me nāma śṛṇvanti jātu
 tathāgatānāṃ bahukalpakoṭibhiḥ |
 dharmasya vā mama gaṇasya cāpi
 pāpasya karmanaḥ phalam evaṃrūpam ||

語句解釋：

na cāpi：na ca-api，“既沒有”。me：mad，人代，“我”，單屬。nāma：nāman，“名字”，中單對。śṛṇvanti：śru- V.，“聽”，現在，直陳，複三，爲他。jātu：不變化，“從來”。tathāgatānāṃ：tathāgata，“如來”，男複屬(tathāgatānām)。bahukalpakoṭibhiḥ：bahu-kalpa-koṭibhiḥ，“許多千萬劫以來”(具格表示經過一段時間)。» bahu：形，“很多”。kalpa：

“劫”，男。koṭibhiḥ：koṭi，“千萬”，女複具（koṭibhis）。dharmasya：dharma，“法”，男單屬。vā：連，“或者”。gaṇasya：gaṇa，“教團”，男單屬。cāpi：ca-api，“又...”。pāpasya：pāpa，“罪”，中單屬。karmanaḥ：karman，“業，行爲”，中單屬（karmanas）。phalam：phala，“果報”，中單主。evaṃrūpam：evam rūpam，“正是（惡業果報的）跡象”。» rūpam：rūpa，“形式，跡象”，中單主。

文句語譯：

在許多千萬劫以來，他們既從來沒有聽過我的名稱，(和) 諸如來的名號，也沒聽聞過關於我的教法，或我的教團（的事跡），這正是（其）惡業果報的跡象。

16. yadā tu sattvā mṛdavo mārdavāś ca
    utpannā bhavantīha manuṣyaloke |
    utpannamātrāś ca śubhena karmaṇā
    paśyanti māṃ dharmaṃ prakāśayantam ‖

語句解釋：

yadā tu：“但那時候”。» tu：品，“可是，另一方面”。sattvā：sattva，“眾生”，男複主（sattvās；ās 後接有聲輔音 m，變 ā）。mṛdavo：mṛdu，形，“柔和”，男複主（mṛdavas；末尾的 as 後接有聲輔音 m，變 o）。mārdavāś ca：mārdavās ca，“與平和”。» mārdavās：mārdava，形，“平和，親切”，男複主（mārdavās；末尾的 s 後接硬腭輔音 c，變 ś）。utpannā：

utpanna，ud-pad- IV.，“出生”，過被分，男複主（utpannās）。bhavantīha：bhavanti-iha。» bhavanti：bhū- I.，“變得”，現在，直陳，複三，為他。iha：副，“在這裡”。manuṣyaloke：manuṣya-loka，“人世間”，男單位。utpannamātrāś ca：utpanna-mātrāś ca，“而在出生之時”。» utpanna-mātrāś：utpanna-mātra，“在出生之時”。→-mātra：用於複合詞末，表示“…之時”，男複主（mātrās；-ās 後接 c，變 ś）。śubhena：śubha，形，“清淨”，中單具。karmaṇā：karman，“業，行為”，中單具。paśyanti：paś- IV.，“看見”，現在，直陳，複三，為他。mām：mad，“我”，單對（mām）。dharmaṃ：dharma，“法”，男單對（dharmam）。prakāśayantam：prakāśayat，pra-kāś- I.，“開示”，使役現主分，男單對（參考第 3 偈）。

文句語譯：

但那時候，心地柔和與親切的眾生會在這個人間出生，在他們出生時，由於清淨善業的緣故，將看見我在開示正法。

17. na cāhaṃ bhāṣāmi kadā cit teṣām
imāṃ kriyām īdṛśikām anantām |
tenāhaṃ dṛṣṭaś cirasya bhavāmi
tato 'pi bhāṣāmi sudurlabhā jināḥ ||

語句解釋：

na cāhaṃ：na ca-aham，“我並沒有”。bhāṣāmi：bhāṣ- I.，

“說”，現在，直陳，單一，爲他。**kadā cit**：“有時”。→ na...kadā cit：“從沒有”。**teṣām**：tad，指代，“他”，男複屬（teṣām）。**imāṃ**：idam，指代，“這”，女單對（imām）。**kriyām**：kriyā，“行爲，實踐”，女單對。**īdṛśikām**：īdṛśika，形，“這樣的”，女單對。**anantām**：ananta，形，“無盡”，女單對。**tenāhaṃ**：tena-aham，“所以，我”。**dṛṣṭaś**：dṛṣṭa，dṛś- I.，“看”，過被分，男單主（dṛṣṭas；末尾的 s 後接硬腭輔音 c，變爲 ś）。**cirasya**：副，“長時間”。**bhavāmi**：bhū- I.，“變得，存在”，現在，直陳，單一，爲他。**tato 'pi**：tatas-api，“即使那樣”。**sudurlabhā**：sudurlabha，形，“極爲難得”，男複主（sudurlabhās）。**jināḥ**：jina，“勝者（佛）”，男複主（jinās）。

文句語譯：

我從未向他們說過（我）這數之不盡的修行。是故，他們很久已見到我。儘管那樣，我卻說道：「諸佛難值啊！」

18. etādṛśaṃ jñānabalaṃ mamedaṃ
prabhāsvaraṃ yasya na kaścid antaḥ |
āyuś ca me dīrgham anantakalpaṃ
samupārjitaṃ pūrve caritvā caryām ||

語句解釋：

etādṛśaṃ：etādṛśa，形，“這樣的”，中單主（etādṛśam）。
jñānabalaṃ：jñāna-balaṃ，“智慧力量”，中單主

（jñāna-balam）。mamedaṃ：mama-idaṃ，“我這”。» mama：mad，人代，“我的”，單屬。idaṃ：idam，指代，“這”，中單主（idam）。prabhāsvaraṃ：prabhāsvara，形，“光輝明亮”，中單主（prabhāsvaram）。yasya：yad，關代，中單屬（指智慧力量的光芒）。na kaścid antaḥ：“沒有任何邊際”。» na kaścid：“not any，沒有一點”。kaścid：kaś-cid；kaś：ka，疑代，“甚麼？”，男單主。antaḥ：anta，“邊界”，男單主（antas）。āyuś ca me：āyus ca me，“而我的壽命”。» āyus：“壽命”，中單主（末尾的 s 後接硬腭輔音 c，變爲 ś）。dīrgham：dīrgha，形，“（壽命）長久”，中單主。anantakalpaṃ：ananta-kalpa，“無限劫”。» ananta：形，“無限”。kalpaṃ：kalpa，“劫”，男單對（kalpam）。samupārjitaṃ：samupārjita，sam-upa-arj- I.，“已獲得”，過被分，中單主（samupārjitam）。pūrve：副，“曾經”。caritvā：car- I.，動名，“實行”。caryām：caryā，“修行”，女單對。

文句語譯：

我的智慧力量，是這樣的光輝明亮，其邊際分毫沒有（= 無邊無際）。我的壽命，在無盡劫裡綿延不斷，（乃因我）曾經作過修行而獲得的。

19. mā saṃśayam atra kurudhvaṃ paṇḍitā
vicikitsitaṃ ca jahatāśeṣam |
bhūtāṃ prabhāṣāmy aham etāṃ vācaṃ

mṛṣā mama naiva kadā cid vāg bhavet ‖

語句解釋：

mā saṃśayam：“勿生懷疑”。» mā：品，與命令法（下文的 kurudhvam）連用，表示禁止。saṃśayam：saṃśaya，“懷疑”，男單對。atra：副，“於此，在這點上”。kurudhvaṃ：kṛ- VIII.，“做，作”，現在，命令，複二，爲自（kurudhvam）。paṇḍitā：paṇḍita，“智者”，男複呼（paṇḍitās）。vicikitsitaṃ ca jahatāśeṣam：“而且徹底拋開疑慮吧”。» vicikitsitaṃ：vicikitsita，“懷疑”，中單對（vicikitsitam）。jahatāśeṣam：jahata-aśeṣam，“徹底拋開”。→ jahata：hā- III.，“捨棄”，現在，命令，複二，爲他*。aśeṣam：副，“完全地”。bhūtāṃ：bhūta，形，“真實”，女單對（bhūtām）。prabhāṣāmy aham：prabhāṣāmi-aham，“我說”。» pra-bhāṣāmi：pra-bhāṣ- I.，“宣講”，現在，直陳，單一，爲他（i 後接異類元音，變 y）。etāṃ：etad，指代，“這”，女單對（etām）。vācaṃ：vāc，“言辭，話語”，女單對（vācam）。mṛṣā：mṛṣā，副，“虛假，徒然”。mama：mad，人代，“我”，單屬。naiva kadā cid：na-eva kadā cid，“從不會”。vāg：vāc，“說話”，女單主（vāk；k 後接有聲輔音 bh，變爲 g）。bhavet：bhū- I.，“存在，是”，現在，願望，單三，爲他（願望法表示訓誡、忠告）。

* 根據古典梵文語法，hā- 的現在，命令，複二，爲他，應是 jahīta 或 jahita，然而，佛教梵文卻偏好以現在時態的語幹（present stem）爲基礎，構成其他動詞活用的形態，jaha-便

是其中一個例子（hā-的現在時態語幹有二，一個是 jahā-：jahāti，另一個是 jaha-：jahati）（BHS Gram. , 24.2, p. 127）。

文句語譯：

智者們啊，不要在此處生疑，徹底拋開一切疑慮吧！我宣說的這番話，真實無妄；我的言辭，從不虛誑。

20. yathā hi sa vaidya upāyaśikṣito
    viparītasañjñinām sutānām hetoḥ |
    jīvantam ātmānam mṛtam iti brūyāt
    tam vaidyam vijño na mṛṣā codayet ‖

語句解釋：

yathā hi sa vaidya：“情況就像那醫生一樣”。» sa：tad，指代，“那”，男單主（sas；末尾的 s，在輔音前略去）。vaidya：“醫生”，男單主（vaidyas；as 後接元音 u，變爲 a）。upāyaśikṣito：upāya-śikṣito，“熟習方便手段=善巧方便”。» upāya：“方便，手法”，男。śikṣito：śikṣita，形，“熟習”，男單主（śikṣitas）。viparītasañjñinām：viparīta-sañjñinām，“思想顛倒者”。 » viparīta：形，“顛倒”。sañjñinām：sañjñin，形，“有...思想的（人）”，男複屬（sañjñinām）。sutānām：suta，“兒子”，男複屬（sutānām）。hetoḥ：hetu，“因爲...，爲了...”，男單屬（hetos）。jīvantam：jīvat，jīv- I.，“活著”，現主分，男單對。ātmānam：ātman，“自己”，男單對（ātmānam）。mṛtam：mṛta，mṛ- IV.，“死去”，過

被分，男單對。iti：副，“這樣”（連接引文）。brūyāt：brū-II.，“說”，現在，願望，單三，為他（願望法表示假設）。tam̩ vaidyam̩：“那醫生”。» tam̩：tad，指代，“那”，男單對（tam）。vaidyam̩：vaidya，“醫生”，男單對（vaidyam）。vijño：vijña，“聰明人”，男單主（vijñas）。mr̩ṣā：副，“無故地”。na...codayet：“不會詰難”。» codayet：cud- I.，“詰難”，現在，願望，單三，為他，使役。

文句語譯：

情形就像精通方便手段的醫生一樣，為了心智顛倒錯亂的兒子們，雖然他仍活著，卻假說自己已經死去，有理智的人是不會無故地責怪那位醫生（說謊）的。

21. evam evāham̩ lokapitā svayam̩bhūś
cikitsakah̩ sarvaprajānām̩ nāthah̩ |
viparītamūd̩hām̩ś ca viditvā bālān
anirvr̩to nirvr̩tam̩ darśayāmi ‖

語句解釋：

evam evāham̩：evam eva-aham̩，“的確是這樣，我...”。» evam eva：“正是如此，的確是這樣”。aham̩：mad，人代，“我”，單主（aham）。lokapitā：loka-pitr̩，“世界的父親”，男單主。svayam̩bhūś：svayam̩-bhū，形，“自己存在的”，男單主（svayam̩-bhūs；末尾的 s 後接硬腭輔音 c，變為 ś）。cikitsakah̩：cikitsaka，“醫生”，男單主（cikitsakas）。

sarvaprajānāṃ：sarva-prajā，“一切生靈的”，女複屬（sarvaprajānām）。nāthaḥ：nātha，“保護者”，男單主（nāthas）。viparītamūḍhāṃś ca：“顛倒愚癡，和...”。» viparītamūḍhāṃś：viparīta-mūḍha；viparīta：形，“顛倒”。mūḍha：形，“愚昧”，男複對（viparīta-mūḍhān；末尾的 n 後接硬腭輔音 c，變爲 ṃś）。viditvā：vid- II.，動名，“知道”。bālān：bāla，形，“無知”，男複對。anirvṛto：a-nirvṛta，形，“沒有入滅”，男單主（a-nirvṛtas）。nirvṛtaṃ：nirvṛta，形，“入滅”，男單對（nirvṛtam）。darśayāmi：dṛś- I.，“展現”，現在，直陳，單一，爲他，使役。

文句語譯：

的確是這樣：我是世界的父親、醫生、自存者、所有生靈的保護者。（因爲）了解到他們是顛倒、愚癡和無知的，我（雖）沒有入滅，卻展現已入滅（的樣子）。

22. kiṃkāraṇaṃ mamābhīkṣṇadarśanād
viśraddhā bhavanty abuddhā ajānakāḥ |
viśvastāḥ kāmeṣu pramattā bhavanti
pramādahetoḥ prapatanti durgatim ||

語句解釋：

kiṃkāraṇaṃ：kiṃ kāraṇaṃ，“甚麼原因？”。» kāraṇaṃ：kāraṇa，“理由，原因”，中單主（kāraṇam）。mamābhīkṣṇadarśanād：mama-abhīkṣṇa-darśanād，“由於我

的持續顯現（出現）”。» mama：mad，人代，“我”，單屬。abhīkṣṇa：形，“持續不斷”。darśanād：darśana，“出現，顯現”，中單從（darśanāt；末尾的 t 後接半元音 v，變爲 d）。viśraddhā：vi-śraddha，形，“不信”，男複主（viśraddhās）。bhavanty：bhū- I.，“存在，變得”，現在，直陳，複三，爲他（bhavanti；i 後接異類元音，變半元音 y）。abuddhā：abuddha，形，“愚蠢”，男複主（abuddhās）。ajānakāḥ：ajānaka，形，“不智”，男複主（ajānakās）。viśvastāḥ：viśvasta，形，“無畏，大膽”，男複主（viśvastās）。kāmeṣu：kāma，“欲望”，男複位。pramattā：pramatta，pra-mad- IV.，“狂亂”，過被分，男複主（pramattās）。bhavanti：bhū- I.，“存在，變得”，現在，直陳，複三，爲他。pramādahetoḥ：pramāda-hetoḥ，“因爲”。» pramāda：“輕率”，男。hetoḥ：hetu，“因爲…，爲了…”，男單屬（hetos）。prapatanti：pra-pat- I.，“墮落”，現在，直陳，複三，爲他。durgatim：durgati，“不幸”，女單對。

文句語譯：

爲什麼呢？因爲我（若）持續現身，（那些）愚昧無知的人便會變得失去信仰、魯莽、放縱欲望，而且因爲輕率的緣故，會墮入不幸的境況中。

23. caryāṃ caryāṃ jñātvā nityakālaṃ
vadāmi sattvānāṃ tathā tathāham |
kathaṃ nu bodhāv upanāmayeyaṃ

kathaṃ buddhadharmānāṃ bhaveyur lābhinaḥ ‖

語句解釋：

caryāṃ caryāṃ：“種種行為”。» caryāṃ：caryā，“行為”，女單對（caryām）。jñātvā：jñā- IX.，動名，“了解”。nityakālaṃ：nitya-kālam，副，“每每，時常”。vadāmi：vad- I.，“說”，現在，直陳，單一，為他。sattvānāṃ：sattva，“眾生”，男複屬（sattvānām）。tathā tathāham：tathā tathā-aham。» tathā tathā：“這個和那個”。aham：mad，人代，“我”，單主。kathaṃ：katham，疑副，“怎樣？”。nu：副，“馬上，迅速”。bodhāv：bodhi，“覺悟”，女單位（bodhau；au 後接元音 u，變成 āv）。upanāmayeyaṃ：upa-nam- I.，“帶領”，現在，願望，單一，為他，使役（upa-nāmayeyam）。buddhadharmānāṃ：buddha-dharma，“佛法”，男複屬（buddha-dharmānām）。bhaveyur：bhū- I.，“成為”，現在，願望，複三，為他（bhaveyus；s 後接半元音，變為 r）。lābhinaḥ：lābhin，“獲得…”，男複主（lābhinas）。

文句語譯：

我總是了解到（他們）各式各樣的行徑，（所以）為眾生宣說這樣那樣（的教法，並且思考）：我怎樣引領他們速證菩提呢？他們如何得到佛法呢？

附 錄

與選文相關的古漢語及英語譯本

1. 《佛所行讚》
2. 《一百五十讚佛頌》
3. 《無量壽經》
4. 《阿彌陀經》
5. 《法華經》觀世音普門品
6. 《法華經》如來壽量品

1. Buddhacarita（《佛所行讚》）Canto III. 1-11, 25-38

出處：（ed.）Edward B. Cowell,（re-ed.）S. Jain, *The Buddha-Carita by Aśvaghoṣa or Act of Buddha*（Delhi: New Bharatiya Book Corporation, 2003）, pp. 47-49, 52-55.

1 On a certain day he heard of the forests carpeted with tender grass, with their trees resounding with the kokilas, adorned with lotus-ponds, and which had been all bound up in the cold season.

2 Having heard of the delightful appearance of the city groves beloved by the women, he resolved to go out of doors, like an elephant long shut up in a house.

3 The king, having learned the character of the wish thus expressed by his son, ordered a pleasure-party to be prepared, worthy of his own affection and his son's beauty and youth.

4 He prohibited the encounter of any afflicted common person in the highroad; 'heaven forbid that the prince with his tender nature should even imagine himself to be distressed.'

5 Then having removed out of the way with the greatest gentleness all those who had mutilated limbs or maimed senses, the decrepit and the sick and all squalid beggars,

they made the highway assume its perfect beauty.

6 Along this road thus made beautiful, the fortunate prince with his well-trained attendants came down one day at a proper time from the roof of the palace and went to visit the king by his leave.

7 Then the king, with tears rising to his eyes, having smelt his son's head and long gazed upon him, gave him his permission, saying, 'Go'; but in his heart through affection he could not let him depart.

8 He then mounted a golden chariot, adorned with reins bright like flashing lightning, and yoked with four gentle horses, all wearing golden trappings.

9 With a worthy retinue lie entered the road which was strewn with heaps of gleaming flowers, with garlands suspended and banners waving, like the moon with its asterism entering the sky.

10 Slowly, slowly he passed along the highway, watched on every side by the citizens, and beshowered by their eyes opened wide with curiosity like blue lotuses.

11 Some praised him for his gentle disposition, others hailed him for his glorious appearance, others eulogised his beauty from his fine countenance and desired for him length of days.

…………

25 Beholding for the first time that high-road thus crowded

with respectful citizens, all dressed in white sedate garments, the prince for a while did feel a little pleasure and thought that it seemed to promise a revival of his youth.

26 But then the gods, dwelling in pure abodes, having beheld that city thus rejoicing like heaven itself, created an old man to walk along on purpose to stir the heart of the king's son.

27 The prince having beheld him thus overcome with decrepitude and different in form from other men, with his gaze intently fixed on him, thus addressed his driver with simple confidence.

28 'Who is this man that has come here, O charioteer, with white hair and his hand resting on a staff, his eyes hidden beneath his brows, his limbs bent down and hanging loose, — is this a change produced in him or his natural state or an accident?

29 Thus addressed, the charioteer revealed to the king's son the secret that should have been kept so carefully, thinking no harm in his simplicity, for those same gods had bewildered his mind.

30 'That is old age by which he is broken down, — the ravisher of beauty, the ruin of vigour, the cause of sorrow, the destruction of delights, the bane of memories, the enemy of the senses.'

31 'He too once drank milk in his childhood, and in course of time he learned to grope on the ground; having step by step become a vigorous youth, he has step by step in the same way reached old age.'

32 Being thus addressed, the prince, starting a little, spoke these words to the charioteer, 'What! will this evil come to me also?' and to him again spoke the charioteer.

33 'It will come without doubt by the force of time through multitude of years even to my longlived lord; all the world knows thus that old age will destroy their comeliness and they are content to have it so.'

34 Then he, the great-souled one, who had his mind purified by the impressions of former good actions, who possessed a store of merits accumulated through many preceding aeons, was deeply agitated when he heard of old age, like a bull who has heard the crash of a thunderbolt close by.

35 Drawing a long sigh and shaking his head, and fixing his eyes on that, decrepit old man, and looking round on that exultant multitude he then uttered these distressed words:

36 'Old age thus strikes down all alike, our memory, comeliness, and valour; and yet the world is not disturbed, even when it sees such a fate visibly impending.'

37 'Since such is our condition, O charioteer, turn back the horses, — go quickly home; how can I rejoice in the pleasure-garden, when the thoughts arising from old age

overpower me?'

38 Then the charioteer at the command of the king's son turned the chariot back, and the prince lost in thought entered even that royal palace as if it were empty.

出處：節錄自《佛所行讚》厭患品第三，北涼曇無讖譯，《大正藏》冊四，No.192。

外有諸園林　　流泉清涼池
眾雜華果樹　　行列垂玄蔭
異類諸奇鳥　　奮飛戲其中
水陸四種花　　炎色流妙香
伎女因奏樂　　弦歌告太子
太子聞音樂　　歎美彼園林
內懷甚踊悅　　思樂出遊觀
猶如繫狂象　　常慕閑曠野
父王聞太子　　樂出彼園遊
即勅諸群臣　　嚴飾備羽儀
平治正王路　　并除諸醜穢
老病形殘類　　羸劣貧窮苦
無令少樂子　　見起厭惡心
莊嚴悉備已　　啓請求拜辭
王見太子至　　摩頭瞻顏色
悲喜情交結　　口許而心留
眾寶軒飾車　　結駟駿平流

賢良善術藝　　年少美姿容
妙淨鮮花服　　同車為執御
街巷散眾華　　寶縵蔽路傍
垣樹列道側　　寶器以莊嚴
繒蓋諸幢幡　　繽紛隨風揚
觀者挾長路　　側身目連光
瞪矚而不瞬　　如並青蓮花
臣民悉扈從　　如星隨宿王
異口同聲歎　　稱慶世希有
貴賤及貧富　　長幼及中年
悉皆恭敬禮　　唯願令吉祥
（中略）
太子見修塗　　莊嚴從人眾
服乘鮮光澤　　欣然心歡悅
國人瞻太子　　嚴儀勝羽從
亦如諸天眾　　見天太子生
時淨居天王　　忽然在道側
變形衰老相　　勸生厭離心
太子見老人　　驚怪問御者
此是何等人　　頭白而背僂
目冥身戰搖　　任杖而羸步
為是身卒變　　為受性自爾
御者心躊躇　　不敢以實答
淨居加神力　　令其表真言
色變氣虛微　　多憂少歡樂

喜忘諸根羸　是名衰老相
此本爲嬰兒　長養於母乳
及童子嬉遊　端正恣五欲
年逝形枯朽　今爲老所壞
太子長歎息　而問御者言
但彼獨衰老　吾等亦當然
御者又答言　尊亦有此分
時移形自變　必至無所疑
少壯無不老　舉世知而求
菩薩久修習　清淨智慧業
廣殖諸德本　願果華於今
聞說衰老苦　戰慄身毛竪
雷霆霹靂聲　群獸怖奔走
菩薩亦如是　震怖長噓息
繫心於老苦　頷頭而瞪矚
念此衰老苦　世人何愛樂
老相之所壞　觸類無所擇
雖有壯色力　無一不遷變
目前見證相　如何不厭離
菩薩謂御者　宜速迴車還
念念衰老至　園林何足歡
受命即風馳　飛輪旋本宮
心存朽暮境　如歸空塜間

2. Śatapañcāśatka-stotra（《一百五十讚佛頌》）I. 1-9

出處：（ed.）D.R. Shackleton Bailey, *The Śatapañcāśatka of Mātṛceṭa*（London: Cambridge University Press, 1951）, pp.152-154.

1-2 In whom at all times and in all ways all faults are absent and in whom all virtues in every manner are established, in him it is proper for them that have understanding to take refuge, to praise him, to serve him, and to stand fast in his teaching.

3 In him, the only Protector, those faults along with their Impressions are wholly absent and in him, the All-Knower, all those virtues are present, invariable.

4 For even a spiteful man does not with justice find any failing in the Blessed One whether in thought, word or deed.

5-6 I, having gained human estate to which belongs the great joy of the Good Law, even as a turtle's neck might chance to thrust through a yoke hole in the mighty ocean, how shall I not extract worth from this voice of mine, pervaded as it is with impermanence and beset by dangers arising from the imperfections of karma?

7 Thus minded, although knowing that the Sage's virtues range beyond calculation, yet I devote myself to a portion thereof from regard to my own welfare.

8 Hail to you, the Self-born, whose works are many and wonderful, whose virtues are too numerous and potent to

be defined!

9 Their number? It is infinite. Their nature? What words for it? But they bring merit, and therefore I have much to say concerning your virtues.

出處：《一百五十讚佛頌》，尊者摩咥里制吒造，唐義淨譯，《大正藏》冊三十二，No.1680。

世尊最殊勝　善斷諸惑種
無量勝功德　總集如來身
唯佛可歸依　可讚可承事
如理思惟者　宜應住此教
諸惡煩惱習　護世者已除
福智二俱圓　唯尊不退沒
縱生惡見者　於尊起嫌恨
伺求身語業　無能得瑕隙
記我得人身　聞法生歡喜
譬如巨海內　盲龜遇楂穴
忘念恒隨逐　惑業墮深坑
故我以言詞　歎佛實功德
牟尼無量境　聖德無邊際
爲求自利故　我今讚少分
敬禮無師智　希有眾事性
福慧及威光　誰能知數量
如來德無限　無等無能說
我今求福利　假讚以名言

3. Sukhāvatīvyūha（《大無量壽經》）

出處：Luis O. Gómez, *Land of Bliss: The Paradise of The Buddha of Measureless Light*（Honolulu: University of Hawai'i Press, 1996）, pp. 70-71.

§28（13）Blessed One, may I not awaken to unsurpassable, perfect, full awakening if, after I have awakened to unsurpassable, perfect, full awakening, the halo of light I display in this buddha-field of mine should be measurable —- and this means if it could be measured by any means, even with extraordinary measures such as the size of hundreds of thousands of millions of trillions of buddha-fields.

§28（14）Blessed One, may I not awaken to unsurpassable, perfect, full awakening if, after I have awakened to unsurpassable, perfect, full awakening, one could set a limit to the measure of the life span of living beings in this buddha-field of mine, except in those cases when one would shorten one's life by the power of one's own vows.

§28（15）Blessed One, may I not awaken to unsurpassable, perfect, full awakening if, after I attain awakening, one could set a limit to my life span, even if it meant counting for as many as hundreds of thousands of trillions of cosmic ages.

§28（16）Blessed One, may I not awaken to unsurpassable, perfect, full awakening if, after I attain awakening, living beings in my buddha-field will so much as hear the word "nonmeritorious conduct."

§28（17）Blessed One, may I not awaken to unsurpassable, perfect, full awakening if, after I attain awakening, an unlimited, countless number of buddhas, blessed ones, in an unlimited number of buddha-fields, will not extol my name, will not sing its praises, will not announce and proclaim its glory.

§28（18）Blessed One, may I not awaken to unsurpassable, perfect, full awakening if, after I attain awakening, those living beings in other world spheres who conceive the aspiration to attain unsurpassable, perfect, full awakening, hear my name, and remember me with serene trust, will not be met by me at the moment of death — if I should not stand before them then, surrounded and honored by a retinue of monks, so that they can meet death without anxiety.

§28（19）Blessed One, may I not awaken to unsurpassable, perfect, full awakening if, after I attain awakening, living beings in unlimited, countless numbers of buddha-fields will hear my name, will set their minds on being reborn in my buddha-field and dedicate their roots of merit to rebirth in it, and yet not be reborn in my buddha-field. And this will be true even if they have made the resolution only ten times — except in the case of those who have committed the five offenses entailing immediate retribution and of those who are hindered by their own opposition to the Good Dharma.

§28（20）Blessed One, may I not awaken to unsurpassable, perfect, full awakening if, after I attain awakening, bodhisattvas born in my buddha-field will not all be endowed with the thirty-two marks of the superior human being.

出處：《佛說無量壽經》卷上，魏康僧鎧譯，《大正藏》冊十二，No.360。

設我得佛，光明有能限量，下至不照百千億那由他諸佛國者，不取正覺。

設我得佛，壽命有能限量，下至百千億那由他劫者，不取正覺。

設我得佛，國中聲聞，有能計量，乃至三千大千世界眾生緣覺，於百千劫，悉共計挍，知其數者，不取正覺。

設我得佛，國中人天，壽命無能限量，除其本願，脩短自在。若不爾者，不取正覺。

設我得佛，國中人天，乃至聞有不善名者，不取正覺。
設我得佛，十方世界，無量諸佛，不悉諮嗟稱我名者，不取正覺。
設我得佛，十方眾生，至心信樂，欲生我國，乃至十念，若不生者，不取正覺。唯除五逆，誹謗正法。
設我得佛，十方眾生，發菩提心，修諸功德，至心發願，欲生我國，臨壽終時，假令不與大眾圍遶現其人前者，不取正覺。
設我得佛，十方眾生，聞我名號，係念我國，殖諸德本，至心迴向，欲生我國，不果遂者，不取正覺。
設我得佛，國中人天，不悉成滿三十二大人相者，不取正覺。

4. (smaller) Sukhāvatīvyūha（《阿彌陀經》）

出處：（trans.）F. Max Müller, "*The Smaller Sukhâvatî-Vyûha*," *Buddhist Mahāyāna Texts*（Delhi: Motilal Banarsidass, 1968）, pp. 91-94, 97-98.

2 Then Bhagavat addressed the honoured Sâriputra and said, 'O Sâriputra, after you have passed from here over a hundred thousand ko*t*îs of Buddha countries there is in the Western part a Buddha country, a world called Sukhâvatî（the happy country）. And there a Tathâgata, called Amitâyus, an Arhat, fully enlightened, dwells now, and remains, and supports himself, and teaches the Law.

'Now what do you think, Sâriputra, for what reason is that

world called Sukhâvatî （the happy）? In that world Sukhâvatî, O Sâriputra, there is neither bodily nor mental pain for living beings. The sources of happiness are innumerable there. For that reason is that world called Sukhâvatî（the happy）.

3 'And again, O Sâriputra, that world Sukhâvatî is adorned with seven terraces, with seven rows of palm-trees, and with strings of bells. It is enclosed on every side, beautiful, brilliant with the four gems, viz. gold, silver, beryl, and crystal. With such arrays of excellences peculiar to a Buddha country is that Buddha country adorned.

4 'And again, O Sâriputra, in that world Sukhâvatî there are lotus lakes, adorned with the seven gems, viz. gold, silver, beryl, crystal, red pearls, diamonds, and corals as the seventh. They are full of water which possesses the eight good qualities, their waters rise as high as the fords and bathing-places, so that even crows may drink there; they are strewn with golden sand. And in these lotus-lakes there are all around on the four sides four stairs, beautiful and brilliant with the four gems, viz. gold, silver, beryl, crystal. And on every side of these lotus-lakes gem-trees are growing, beautiful and brilliant with the seven gems, viz. gold, silver, beryl, crystal, red pearls, diamonds, and corals as the seventh. And in those lotus-lakes lotus-flowers are growing, blue, blue-coloured, of bule splendour, blue to

behold; yellow, yellow-coloured, of yellow splendour, yellow to behold; red, red-coloured, of red splendour, red to behold; white, white-coloured, of white splendour, white to behold; beautiful, beautifully-coloured, of beautiful splendour, beautiful to behold, and in circumference as large as the wheel of a chariot.

…………

8 'Now what do you think, O Sâriputra, for what reason is that Tathâgata called Amitâyus? The length of life（âyus）, O Sâriputra, of that Tathâgata and of those men there is immeasurable （amita）. Therefore is that Tathâgata called Amitâyus. And ten kalpas have passed, O Sâriputra, since that Tathâgata awoke to perfect knowledge.

9 'And what do you think, O Sâriputra, for what reason is that Tathâgata called Amitâbha? The splendour（âbhâ）, O Sâriputra, of that Tathâgata is unimpeded over all Buddha countries. Therefore is that Tathâgata called Amitâbha.

'And there is, O Sâriputra, an innumerable assembly of disciples with that Tathâgata, purified and venerable persons, whose number it is not easy to count. With such arrays of excellences, &c.

出處：節錄自《佛說阿彌陀經》，姚秦鳩摩羅什譯，《大正藏》冊十二，No.366。

爾時，佛告長老舍利弗：

從是西方過十萬億佛土，有世界，名曰極樂。其土有佛，號阿彌陀，今現在說法。舍利弗！彼土何故名爲極樂？其國眾生，無有眾苦，但受諸樂，故名極樂。又舍利弗！極樂國土，七重欄楯，七重羅網，七重行樹，皆是四寶周匝圍繞，是故彼國名曰極樂。

又舍利弗！極樂國土，有七寶池，八功德水，充滿其中，池底純以金沙布地。四邊階道，金、銀、琉璃、玻瓈合成。上有樓閣，亦以金、銀、琉璃、玻瓈、車磲、赤珠、碼碯而嚴飾之。池中蓮花，大如車輪，青色青光，黃色黃光，赤色赤光，白色白光，微妙香潔。舍利弗！極樂國土，成就如是功德莊嚴。

（中略）

舍利弗！於汝意云何？彼佛何故號阿彌陀？舍利弗！彼佛光明無量，照十方國無所障礙，是故號爲阿彌陀。又舍利弗！彼佛壽命及其人民，無量無邊阿僧祇劫，故名阿彌陀。舍利弗！阿彌陀佛成佛已來，於今十劫。又舍利弗！彼佛有無量無邊聲聞弟子，皆阿羅漢，非是算數之所能知。諸菩薩眾，亦復如是。舍利弗！彼佛國土，成就如是功德莊嚴。

5. Saddharmapuṇḍarīkasūtra（《法華經》觀世音普門品）

出處：H. Kern, *Saddharma-Puṇḍarīka or The Lotus of The True Law*,（Delhi: Motilal Banarsidass, 1965）, pp. 413-418.

And on that occasion the Lord uttered the following stanzas:

1 Kitradhvaga asked the Akshayamati the following question: For what reason, son of Gina, is Avalokitesvara(so)called?

2 And Akshayamati, that ocean of profound insight, after considering how the matter stood, spoke to Kitradhvaga: Listen to the conduct of Avalokitesvara.

3 Hear from my indication how for numerous, inconceivable Æons he has accomplished his vote under many thousands kotis of Buddhas.

4 Hearing, seeing, regularly and constantly thinking will infallibly destroy all sufferings, (mundane) existence, and grief of living beings here on earth.

5 If one be thrown into a pit of fire, by a wicked enemy with the object of killing him, he has but to think of Avalokitesvara, and the fire shall be quenched as if sprinkled with water.

6 If one happens to fall into the dreadful ocean, the abode of Nâgas, marine monsters, and demons, he has but to think of Avalokitesvara, and he shall never sink down in the king of waters.

7 If a man happens to be hurled down from the brink of the Meru, by some wicked person with the object of killing him, he has but to think of Avalokitesvara, and he shall, sunlike, stand firm in the sky.

8 If rocks of thunderstone and thunderbolts are thrown at a man's head to kill him, he has but to think of

Avalokitesvara, and they shall not be able to hurt one hair of the body.

9 If a man be surrounded by a host of enemies armed with swords, who have the intention of killing him, he has but to think of Avalokitesvara, and they shall instantaneously become kind-hearted.

10 If a man, delivered to the power of the executioners, is already standing at the place of execution, he has but to think of Avalokitesvara, and their swords shall go to pieces.

11 If a person happens to be fettered in shackles of wood or iron, he has but to think of Avalokitesvara, and the bonds shall be speedily loosened.

12 Mighty spells, witchcraft, herbs, ghosts, and spectres, pernicious to life, revert thither whence they come, when one thinks of Avalokitesvara.

13 If a man is surrounded by goblins, Nâgas, demons, ghosts, or giants, who are in the habit of taking away bodily vigour, he has but to think of Avalokitesvara, and they shall not be able to hurt one hair of his body.

14 If a man is surrounded by fearful beasts with sharp teeth and claws, he has but to think of Avalokitesvara, and they shall quickly fly in all directions.

15 If a man is surrounded by snakes malicious and frightful on account of the flames and fires（they emit）, he has but

to think of Avalokitesvara, and they shall quickly lose their poison.

16 If a heavy thunderbolt shoots from a cloud pregnant with lightning and thunder, one has but to think of Avalokitesvara, and the fire of heaven shall quickly, instantaneously be quenched.

17 He (Avalokitesvara) with his powerful knowledge beholds all creatures who are beset with many hundreds of troubles and afflicted by many sorrows, and thereby is a saviour in the world, including the gods.

18 As he is thoroughly practised in the power of magic, and possessed of vast knowledge and skilfulness, he shows himself in all directions and in all regions of the world.

19 Birth, decrepitude, and disease will come to an end for those who are in the wretched states of existence, in hell, in brute creation, in the kingdom of Yama, for all beings （in general）.

〔Then Akshayamati in the joy of his heart uttered the following stanzas:〕

20 O thou whose eyes are clear, whose eyes are kind, distinguished by wisdom and knowledge, whose eyes are full of pity and benevolence; thou so lovely by thy beautiful face and beautiful eyes!

21 Pure one, whose shine is spotless bright, whose knowledge is free from darkness, thou shining as the sun, not to be

beaten away, radiant as the blaze of fire, thou spreadest in thy flying course thy lustre in the world.

22 O thou who rejoicest in kindness having its source in compassion, thou great cloud of good qualities and of benevolent mind, thou quenchest the fire that vexes living beings, thou pourest out nectar, the rain of the law.

23 In quarrel, dispute, war, battle, in any great danger one has to think of Avalokitesvara, who shall quell the wicked troop of foes.

24 One should think of Avalokitesvara, whose sound is as the cloud's and the drum's, who thunders like a rain-cloud, possesses a good voice like Brahma, (a voice) going through the whole gamut of tones.

25 Think, O think with tranquil mood of Avalokitesvara, that pure being; he is a protector, a refuge, a recourse in death, disaster, and calamity.

26 He who possesses the perfection of all virtues, and beholds all beings with compassion and benevolence, he, an ocean of virtues, Virtue itself, he, Avalokitesvara, is worthy of adoration.

27 He, so compassionate for the world, shall once become a Buddha, destroying all dangers and sorrows; I humbly bow to Avalokitesvara.

28 This universal Lord, chief of kings, who is a (rich) mine of monastic virtues, he, universally worshipped, has reached

pure, supreme enlightenment, after plying his course (of duty) during many hundreds of Æons.

29 At one time standing to the right, at another to the left of the Chief Amitâbha, whom he is fanning, he, by dint of meditation, like a phantom, in all regions honours the Gina.

30 In the west, where the pure world Sukhâkara is situated, there the Chief Amitâbha, the tamer of men, has his fixed abode.

31 There no women are to be found; there sexual intercourse is absolutely unknown; there the sons of Gina, on springing into existence by apparitional birth, are sitting in the undefiled cups of lotuses.

32 And the Chief Amitâbha himself is seated on a throne in the pure and nice cup of a lotus, and shines as the Sâla-king.

33 The Leader of the world, whose store of merit has been praised, has no equal in the triple world. O supreme of men, let us soon become like thee!

出處：《妙法蓮華經》觀世音普門品第二十五，姚秦鳩摩羅什譯，《大正藏》冊九，No.262。

爾時無盡意菩薩，以偈問曰：

「世尊妙相具，　　我今重問彼，
佛子何因緣，　　名爲觀世音？」
具足妙相尊，　　偈答無盡意：
「汝聽觀音行，　　善應諸方所，
弘誓深如海，　　歷劫不思議，
侍多千億佛，　　發大清淨願。
我爲汝略說，　　聞名及見身，
心念不空過，　　能滅諸有苦。
假使興害意，　　推落大火坑，
念彼觀音力，　　火坑變成池。
或漂流巨海，　　龍魚諸鬼難，
念彼觀音力，　　波浪不能沒。
或在須彌峯，　　爲人所推墮，
念彼觀音力，　　如日虛空住。
或被惡人逐，　　墮落金剛山，
念彼觀音力，　　不能損一毛。
或值怨賊遶，　　各執刀加害，
念彼觀音力，　　咸即起慈心。
或遭王難苦，　　臨刑欲壽終，
念彼觀音力，　　刀尋段段壞。
或囚禁枷鎖，　　手足被杻械，
念彼觀音力，　　釋然得解脫。
呪詛諸毒藥，　　所欲害身者，
念彼觀音力，　　還著於本人。

或遇惡羅刹，　毒龍諸鬼等，
念彼觀音力，　時悉不敢害。
若惡獸圍遶，　利牙爪可怖，
念彼觀音力，　疾走無邊方。
蚖蛇及蝮蠍，　氣毒煙火燃，
念彼觀音力，　尋聲自迴去。
雲雷鼓掣電，　降雹澍大雨，
念彼觀音力，　應時得消散。
眾生被困厄，　無量苦逼身，
觀音妙智力，　能救世間苦。
具足神通力，　廣修智方便，
十方諸國土，　無刹不現身。
種種諸惡趣，　地獄鬼畜生，
生老病死苦，　以漸悉令滅。
真觀清淨觀，　廣大智慧觀，
悲觀及慈觀，　常願常瞻仰。
無垢清淨光，　慧日破諸闇，
能伏災風火，　普明照世間。
悲體戒雷震，　慈意妙大雲，
澍甘露法雨，　滅除煩惱焰。
諍訟經官處，　怖畏軍陣中，
念彼觀音力，　眾怨悉退散。
妙音觀世音，　梵音海潮音，
勝彼世間音，　是故須常念。
念念勿生疑，　觀世音淨聖，

於苦惱死厄， 能為作依怙，
具一切功德， 慈眼視眾生，
福聚海無量， 是故應頂禮。」

6. Saddharmapuṇḍarīkasūtra（《法華經》如來壽量品）

出處：H. Kern, *Saddharma-Puṇḍarīka or The Lotus of The True Law*（Delhi: Motilal Banarsidass, 1965）, pp. 307-310.

1 An inconceivable number of thousands of kotis of Æons, never to be measured, is it since I reached superior（or first）enlightenment and never ceased to teach the law.

2 I roused many Bodhisattvas and established them in Buddha-knowledge. I brought myriads of kotis of beings, endless, to full ripeness in many kotis of Æons.

3 I show the place of extinction, I reveal to（all）beings a device to educate them, albeit I do not become extinct at the time, and in this very place continue preaching the law.

4 There I rule myself as well as all beings, I. But men of perverted minds, in their delusion, do not see me standing there.

5 In the opinion that my body is completely extinct, they pay worship, in many ways, to the relics, but me they see not. They feel（however）a certain aspiration by which their mind becomes right.

6 When such upright（or pious）, mild, and gentle creatures

leave off their bodies, then I assemble the crowd of disciples and show myself here on Gridhrakûta.

7 And then I speak thus to them, in this very place: I was not completely extinct at that time; it was but a device of mine, monks; repeatedly am I born in the world of the living.

8 Honoured by other beings, I show them my superior enlightenment, but you would not obey my word, unless the Lord of the world enter Nirvâna.

9 I see how the creatures are afflicted, but I do not show them my proper being. Let them first have an aspiration to see me; then I will reveal to them the true law.

10 Such has always been my firm resolve during an inconceivable number of thousands of kotîs of Æons, and I have not left this Gridhrakûta for other abodes.

11 And when creatures behold this world and imagine that it is burning, even then my Buddha-field is teeming with gods and men.

12 They dispose of manifold amusements, kotîs of pleasure gardens, palaces, and aerial cars; (this field)is embellished by hills of gems and by trees abounding with blossoms and fruits.

13 And aloft gods are striking musical instruments and pouring a rain of Mandâras by which they are covering me, the disciples and other sages who are striving after enlightenment.

14 So is my field here, everlastingly; but others fancy that it is burning; in their view this world is most terrific, wretched, replete with number of woes.

15 Ay, many kotîs of years they may pass without ever having mentioned my name, the law, or my congregation. That is the fruit of sinful deeds.

16 But when mild and gentle beings are born in this world of men, they immediately see me revealing the law, owing to their good works.

17 I never speak to them of the infinitude of my action. Therefore, I am, properly, existing since long, and yet declare: The Ginas are rare（or precious）.

18 Such is the glorious power of my wisdom that knows no limit, and the duration of my life is as long as an endless period; I have acquired it after previously following a due course.

19 Feel no doubt concerning it, O sages, and leave off all uncertainty: the word I here pronounce is really true; my word is never false.

20 For even as that physician skilled in devices, for the sake of his sons whose notions were perverted, said that he had died although he was still alive, and even as no sensible man would charge that physician with falsehood.

21 So am I the father of the world, the Self-born, the Healer, the Protector of all creatures. Knowing them to be

perverted, infatuated, and ignorant I teach final rest, myself not being at rest.

22 What reason should I have to continually manifest myself? When men become unbelieving, unwise, ignorant, careless, fond of sensual pleasures, and from thoughtlessness run into misfortune,

23 Then I, who know the course of the world, declare: I am so and so, (and consider) : How can I incline them to enlightenment? how can they become partakers of the Buddha-laws?

出處：《妙法蓮華經》如來壽量品第十六，姚秦鳩摩羅什譯，《大正藏》冊九，No.262。

自我得佛來，　所經諸劫數，
無量百千萬，　億載阿僧祇。
常說法教化，　無數億眾生，
令入於佛道。　爾來無量劫。
爲度眾生故，　方便現涅槃，
而實不滅度，　常住此說法。
我常住於此，　以諸神通力，
令顛倒眾生，　雖近而不見。
眾見我滅度，　廣供養舍利，
咸皆懷戀慕，　而生渴仰心。
眾生既信伏，　質直意柔軟，

一心欲見佛，　不自惜身命。
時我及眾僧，　俱出靈鷲山，
我時語眾生：「常在此不滅，
以方便力故，　現有滅不滅。
餘國有眾生，　恭敬信樂者，
我復於彼中，　爲說無上法。」
汝等不聞此，　但謂我滅度。
我見諸眾生，　沒在於苦惱，
故不爲現身，　令其生渴仰，
因其心戀慕，　乃出爲說法。
神通力如是，　於阿僧祇劫，
常在靈鷲山，　及餘諸住處。
眾生見劫盡，　大火所燒時，
我此土安隱，　天人常充滿。
園林諸堂閣，　種種寶莊嚴，
寶樹多花菓，　眾生所遊樂。
諸天擊天鼓，　常作眾伎樂，
雨曼陀羅花，　散佛及大眾。
我淨土不毀，　而眾見燒盡，
憂怖諸苦惱，　如是悉充滿。
是諸罪眾生，　以惡業因緣，
過阿僧祇劫，　不聞三寶名。
諸有修功德，　柔和質直者，
則皆見我身，　在此而說法。
或時爲此眾，　說佛壽無量，

久乃見佛者，　為說佛難值。
我智力如是，　慧光照無量，
壽命無數劫，　久修業所得。
汝等有智者，　勿於此生疑，
當斷令永盡，　佛語實不虛。
如醫善方便，　為治狂子故，
實在而言死，　無能說虛妄。
我亦為世父，　救諸苦患者，
為凡夫顛倒，　實在而言滅。
以常見我故，　而生憍恣心，
放逸著五欲，　墮於惡道中。
我常知眾生，　行道不行道，
隨所應可度，　為說種種法。
每自作是意，　以何令眾生，
得入無上慧，　速成就佛身。

參考書目

1. Buddhacarita（《佛所行讚》）

梵文文本：

E. H. Johnston, *Aśvaghosa's Buddhacarita or Acts of the Buddha*（Delhi: Motilal Banarsidass, 1978）, pp. 20-21, 23-25。

參考資料：

- （北涼）曇無讖譯，《佛所行讚》（五卷），《大正藏》冊四，No. 192。
- （劉宋）寶雲譯，《佛本行經》（七卷），《大正藏》冊四，No. 193。
- （唐）義淨著，王邦維校注：《南海寄歸內法傳校注》，（北京：中華書局，1995），頁 184。
- 侯傳文：〈《佛所行贊》與佛傳文學〉，《東方論壇》，1999年第三期（http://www.cnki.net）。
- 楊富學：〈回鶻文佛傳故事研究 — 以 Mainz 131（T II Y 37）《佛陀傳》爲中心〉，《中華佛學研究》第 10 期（臺北：法鼓山中華佛學研究所，2006），頁 239-253。
- 周一良：〈漢譯馬鳴佛所行讚的名稱與譯者〉，《周一良集》卷三（瀋陽：遼寧教育出版社，1998），頁 242-249。

- E. H. Johnston, *Aśvaghosa's Buddhacarita or Acts of the Buddha.*（Delhi: Motilal Banarsidass, 1978）
- （ed.）Edward B. Cowell,（re-ed.）S. Jain, *The Buddha-Carita by Aśvaghoṣa or Act of Buddha.*（Delhi: New Bharatiya Book Corporation, 2003）
- Samuel Beal, *The Fo-Sho-Hing-Tsan-King: A Life of Buddha by Asvaghosha Bodhisattva.*（Delhi: Motilal Banarsidass, 1968）
- 水野弘元等編：《佛典解題事典》（第二版）（東京：春秋社，2001），頁 71-72。
- 小野玄妙等編：《佛書解說大辭典》（縮刷版），第九卷（東京：大東出版社，1999），頁 293-295。
- 辻直四郎：《サンスクリット読本》（東京：春秋社，1987），頁 75-79，174-176。

2. Śatapañcāśatka-stotra（《一百五十讚佛頌》）

梵文文本：

（ed.）D.R. Shackleton Bailey, *The Śatapañcāśatka of Mātṛceṭa*（London: Cambridge University Press, 1951）, pp. 28-40.

參考資料：

- （唐）義淨譯：《一百五十讚佛頌》，尊者摩咥里制吒造，《大正藏》冊三十二，No. 1680。

- （唐）義淨：《南海寄歸內法傳》，《大正藏》冊五十四，No. 2125。
- 陳明：〈摩咥里制吒及其《一百五十讚佛頌》的傳譯〉，《國外文學》，2002 第 2 期（總第 86 期）（http://www.cnki.net）。
- （ed.）D.R. Shackleton Bailey, *The Śatapañcāśatka of Mātṛceṭa.*（London: Cambridge Universtiy Press, 1951）
- 辻直四郎：《サンスクリット読本》（東京：春秋社，1987），頁 85-86，179。

3. Sukhāvatīvyūha（《無量壽經》）

梵文文本：

足利惇氏：《大無量壽經梵本》（京都：法藏館，1965），pp. 12, 26－14, 12。

參考資料：

- （魏）康僧鎧譯：《佛說無量壽經》卷上，《大正藏》冊十二，No. 360。
- 聖嚴法師：《48 個願望：無量壽經講記》（台北：法鼓文化，1999）。
- Luis O.Gómez, *Land of Bliss: The Paradise of The Buddha of Measureless Light*（Honolulu: University of Hawai'i Press, 1996）, pp. 70-71.
- （trans.）F. Max Müller, "*The Larger Sukhāvatī-Vyūha*", *Buddhist Mahāyāna Texts*（Delhi: Motilal Banarsidass, 1968）, pp. 14-16.

- 奈良康明：《梵語仏典読本》（東京：仏教書林，中山書房，1970）。
- 水野弘元等編：《佛典解題事典》（第二版）（東京：春秋社，2001），頁 87-89。
- 藤田宏達譯：《梵文和譯無量壽經・阿彌陀經》（京都：法藏館，1975）。
- 柏原祐義（著），慧淨法師、江支地（譯）：《大無量壽經講話》（香港：佛教慈慧服務中心，1997）。
- 大田利生編：《漢譯五本・梵本藏譯對照無量壽經》（京都：永田文昌堂，2005）。

4.（smaller）Sukhāvatīvyūha（《阿彌陀經》）

梵文文本：

荻原雲來：《梵藏和合壁：淨土三部經》（東京：大東出版社，1931），p. 194 以下。

參考資料：

- （姚秦）鳩摩羅什譯：《佛說阿彌陀經》，《大正藏》冊十二，No. 366。
- 瞿平等注譯：《淨土諸經今譯》（北京：中國社會科學出版社，1994）。
- （trans.）F. Max Müller, "*The Smaller Sukhāvatī-Vyūha,*" *Buddhist Mahāyāna Texts*（Delhi: Motilal Banarsidass, 1968）, pp. 91-94, 97-98.
- 藤田宏達譯：《梵文和譯無量壽經・阿彌陀經》（京都：

法藏館，1975）。

- 奈良康明：《梵語仏典読本》（東京：仏教書林，中山書房，1970）。
- 水野弘元等編：《佛典解題事典》（第二版）（東京：春秋社，2001），頁 90-92。

5. Saddharmapuṇḍarīkasūtra（《法華經》觀世音普門品）

梵文文本：

（ed.）Jan Hendrik Kasper Kern & Bunyiu Nanjio, *Saddharma-puṇḍarika-sūtra*, *Bibliotheca Buddhica* X（St. Petersburg, 1908-1912）, pp. 447, 1-455, 1。

參考資料：

- （姚秦）鳩摩羅什譯：《妙法蓮華經》觀世音普門品第二十五，《大正藏》冊九，No. 262。
- 《法華經》數位資料庫（http://sdp.chibs.edu.tw/index.htm）（臺北：中華佛學研究所，2007.12.31）。
- 黃國清：〈《觀世音菩薩普門品》偈頌的解讀─漢梵本對讀所見的問題〉，《圓光佛學學報》（中壢：圓光佛學研究所，2000.12），頁 141-152。
- H. Kern, *Saddharma-Puṇḍarīka or The Lotus of The True Law.*（Delhi: Motilal Banarsidass, 1965）
- 坂本幸男、岩本裕：《法華經》上、中、下（東京：岩波文庫，1989）。
- 奈良康明：《梵語仏典読本》（東京：仏教書林，中山書房，1970）。

- 水野弘元等編：《佛典解題事典》（第二版）（東京：春秋社，2001），頁 82-84。
- 植木雅俊譯：《梵漢和對照・現代語譯法華經》上、下（東京：岩波書店，2008）。

6. Saddharmapuṇḍarīkasūtra（《法華經》如來壽量品）

梵文文本：

（ed.）Jan Hendrik Kasper Kern & Bunyin Nanjio, *Saddharma-puṇḍarika-sūtra*, *Bibliotheca Buddhica* X（St. Petersburg, 1908-1912）, p. 323, 7ff.

參考資料：

- （姚秦）鳩摩羅什譯：《妙法蓮華經》如來壽量品第十六，《大正藏》冊九，No. 262。
- 《法華經》數位資料庫（http://sdp.chibs.edu.tw/index.htm）（臺北：中華佛學研究所，2007.12.31）。
- H. Kern, *Saddharma-Puṇḍarīka or The Lotus of The True Law.*（Delhi: Motilal Banarsidass, 1965）
- 坂本幸男、岩本裕：《法華經》上、中、下（東京：岩波文庫，1989）。
- 奈良康明：《梵語仏典読本》（東京：仏教書林，中山書房，1970）。
- 植木雅俊譯：《梵漢和對照・現代語譯法華經》上、下（東京：岩波書店，2008）。

7. 語彙：

◆ Vaman Shivram Apte, *The Practical Sanskrit-English Dictionary.*（Delhi: Motilal Banarsidass, 2004）

◆ M. Monier Williams, *A Sanskrit-English Dictionary.*（Delhi: Motilal Banarsidass, 2002）

◆ 鎧淳譯：《J. ゴンダ：サンスクリット語初等文法》（東京：春秋社，2003）。

◆ 辻直四郎：《サンスクリット読本》（東京：春秋社，1987）。

◆ 奈良康明：《梵語仏典読本》（東京：仏教書林，中山書房，1970）。

◆ 羅世方編：《梵語課本》（北京：商務印書館，1996）。

8. 其他：

◆ 釋惠敏．釋齎因：《梵語初階》（台北：法鼓文化，1996）。

◆ 吳汝鈞：《梵文入門》（台北：鵝湖，2001）。

◆ Franklin Edgerton, *Buddhist Hybrid Sanskrit Grammar and Dictionary.*（Delhi: Motilal Banarsidass, 2004）

◆ William Dwight Whitney, *Sanskrit Grammar.*（Delhi: Motilal Banarsidass, 1983）

◆ William Dwight Whitney, *The Roots, Verb-forms and Primary Derivatives of the Sanskrit Language.*（Delhi: Motilal Banarsidass, 2003）

◆ Charles Rockwell Lanman, *A Sanskrit Reader.*（Delhi:

Motilal Banarsidass, 2001）

- J. S. Speijer, *Sanskrit Syntax*.（Delhi: Motilal Banarsidass, 2006）
- J. ゴンダ：《サンスクリット語初等文法》（東京：春秋社，2003）。
- 辻直四郎：《サンスクリット文法》（東京：岩波書店，2003）。
- 菅沼晃：《サンスクリット講読》（東京：平河出版社，2002）。

語 彙

略語表

男	男性名詞（masculine）
中	中性名詞（neuter）
女	女性名詞（feminine）
副	副詞（adverb）
疑副	疑問副詞（interrogative adverb）
連	連接詞（conjunction）
感	感歎詞（interjection）
品	小品詞（particle）
形	形容詞（adjective）
基數	基數詞（cardinal）
序數	序數詞（ordinal）
前綴	前綴（prefix）
前置	前置詞（preposition）
人代	人稱代名詞（personal pronoun）
關代	關係代名詞（relative pronoun）
指代	指示代名詞（demonstrative pronoun）
疑代	疑問代名詞（interrogative pronoun）
代形	代名詞的形容詞（pronominal）
不定代	不定代名詞（indefinite pronoun）
反身代	反身代名詞（reflexive pronoun）
不變化	不變化詞（indeclinable）
過被分	過去被動分詞(past passive participle）
現主分	現在主動分詞（present active participle）

現反分	現在反射分詞（present middle participle）
現被分	現在被動分詞（present passive participle）

【*如此類推：未反分=未來反射分詞（future middle participle）】

現在	現在時態（present）
過去	過去時態（past）
未來	未來時態（future）
複合未來	複合未來時態（periphrastic future）
完成	完成時態（perfect）
複合完成	複合完成時態（periphrastic perfect）
不定過去	不定過去時態（aorist）
不定	不定詞（infinitive）
動名	動名詞（gerund）
爲他	主動/爲他語態（active, Parasmaipadam）
被動	被動法（passive）
使役	使役法（causative）
直陳	直陳/直說語氣（indicative）
祈願	不定過去的祈願法（predicative）
指令	不定過去的指令法（injunctive）
未完成過去	未完成過去語氣（imperfect）
數字 I 至 X	分別代表第 1 至 10 類動詞
cf.	參考
-	省略詞語的部分詞形
BHS	佛教梵語（Buddhist Hybrid Sanskrit）

＊　語彙表中的動詞，除特別註明外，一律是第三人稱單數形態：

例：śru-　V. śṛṇoti，śṛṇute，聽。動名：śrutvā。完成：śuśrāva。

＊＊一個詞語可能包含眾多釋義，唯篇幅所限，語彙表只能列出與選文內容相關的釋義。

語　彙

A

akuśala	（形,中）不善，邪惡。
aklība	（形）有勇氣的。cf. klība：（形）懦弱。
akṣaṇa	（男,中）苦難，困難。（形）不合時宜的。
Akṣayamati	（男）無盡意（菩薩的名字）。
akṣi	（中）眼睛。
agni	（男）火。
agni-khadā	（女）火坑。
agra	（形）最高。（中）高級，前端。-tas：（副）前面。
aṅga	（中）四肢，身體，部分，特性。
acintya	（形）不可思議。
ajānaka	（形）愚笨，不智。
atra	（副）於此，在這處，在這點上。
atha	（副）=atho；於是，隨後，但是，then，and；用於書名或篇名之前，表示開始、開端。
adas	（指代）那，那個，那人，彼（指遠處或不在說話者眼前的人或物）。
adoṣadarśin	（形）察覺不到犯錯。
adbhuta	（形）稀有，不可思議。（中）稀有的事。
adhivāsa	（男）居處，居民。
adhiṣṭhāna	（中）決斷，住處，容器，超自然力。
adhvan	（男）時，日，（三）世，旅行，道。
ananta	（形）無限，無盡。
an-apāyin	（形）不退沒，不消滅。
anala	（男）火，火神。
an-āgata	（形）未來，還未發生的。
anityatā	（女）無常之性。
anukampaka	（形）慈悲甚深。cf. anukampā：（女）慈悲。

anucara （男）隨從，僕人，侍者。（形，於複合詞末）跟隨，伴隨。

anuttara （形）至高無上。

anuparikṣipta （形）被圍繞，散布。

anupūrvam （副）有規律地，循序地。

anuyātra （中,女）侍從，隨員。

anusmṛti （女）憶念，念。

aneka （形）很多，若干。

anta （男）終止，端，邊界，邊際。

antara （形）內部的。（中）內部，中間，期間，弱點，缺陷。-am：（副）中間，內部。

antarīkṣa （中）空間（在天與地之間），天空。

antargṛha （中）內室，房舍。

antaśas （副）諸，眾多，和...一樣（甚至）。=antatas, antamaśas。

antika （形）附近。（中）鄰近。antike：（副，與位格連用）近在...。

anya （代形）其他。anyac ca：其次。-thā：（副）相異地。-tra：（副）在別處。

anyatra （副）在別處，反而，否則，除非，除了...之外。

apara （形）其他。aparam：（副）而且，再者。

aparāhata （形）不會被驅散，不會被消滅。

aparimita （形）無限，無量。

api （副,連）又，更，也，即使，（在否定之後）然而。api ca：更加，還要。api tu：但是。

apratihata （形）沒有遮擋，不受干擾的。

aprameya （形）無限，無量。

abuddha （形）愚蠢，不智，不被注意到。

abhidhāna （中）名稱，告知，表現。

abhi-sam-budh- I./IV. bodhati, budhyate，覺悟，醒覺。abhi-sam-：得到完全的覺悟。過被分：abhi-sam-buddha。

abhisāra （男）攻擊。sarva-具格：全部。

abhīkṣṇa （形）重覆，持續。（副）-m：持續地，重複地，非常。

abhyanujñā （女）同意，許可。複合詞末：-abhyanujña。
kṛta-abhyanujña：（形）獲得允許。
amala （形）無垢。
Amitābha （男）無量光（佛），阿彌陀（佛）。
Amitāyus （男）無量壽（佛），阿彌陀（佛）。
amṛta （中）甘露，長生不死藥，不死。
amogha （形）有效，必然，不徒勞無功。
ayas （中）鐵。
ari （男）敵人。
arci （男）火焰，光線。
arj- I. arjati, 獲得，取得。過被分：arjita。sam-upa-：獲取。
arṇava （男）海。mahā-：大海。
artha （男,中）意義，利益，財產，目的，事情。
-artham, -arthāya：爲了...。
ardha （形）一半。（男）部分。
arpaṇa （中）扎進，插入。
arhat （男）阿羅漢。
avadāta （形）清淨，純白。
Avalokiteśvara （男）觀世音（菩薩）。
ava-śirati 投擲，扔下來，放棄。= ośirati。
aśani （女）雷電，霹靂，閃電。
aśeṣa （形）無遺漏，所有。
aśeṣam （副）完全地，無遺漏地。
aśmagarbha （男,中）綠寶石，翡翠。
aśru （中）淚。āgata-：（形）流下淚來。
aśva （男）馬。
aṣṭa （基數）八。
as- II. asti，有，存在。
as- IV. asyati，投擲。未完成過去：āsyat。過被分：asta。
asaṃkhyeya （形）無數，數不盡。
asura （男）阿修羅，爲六道之一。又作阿須羅、阿索羅。意譯爲非天、非同類、不端正，係屬於戰鬥一類之鬼神，經常被視爲惡神。
aham （人代）我，單主；詞幹：mad。

Ā

ākara	（男）鑛山，鑛脈，集合，發源地，源頭。
ākṛti	（女）外貌，形狀。複合語末：有著...的外形。
āgata	（形）來了，發生，生起。
āgatāsthā	（形）對...產生關心，對...感興趣。
āghātana	（中）刑場。
ājñā	（女）命令。
ātura	（形）生病。
āttasāra	（形）有實效的，有價值的。
ātman	（男）靈魂，氣息，自身，個我，自己。（反身代）我自己，他自己等。
ātmabhāva	（男）肉身，身體。
ādi	（男）開始，原因。用於複合詞末時，表示“某某等”，“以...爲首”。
ānantarya	（中）無間斷，連續。
āp-	V. āpnoti，得到，完成。pra-：獲得，到達。過被分：āpta。動名：āptvā, -āpya。
ābhā	（女）光芒，閃耀。
ārta	（形）不幸的，受苦的。
āyus	（中）壽命。-mat：（男）具壽者，尊者（用於敬稱）；（形）長壽的。
ālaya	（男,中）棲所，居所，村莊。
āvaraṇa	（中）遮蓋，障礙。
āśaya	（男）居處，心意，意向，思想。
ās-	II. āste, 坐，存留，存在。anu-：執行，舉辦。upa-：（與對格共用）侍坐，侍奉。
āsana	（中）座位，坐下，停下。
āsthā	（女）興趣，關心。

I

i-	II. eti，去。完成：iyāya。過被分：ita。動名：itvā，-itya。ati-：凌駕，超越。apa-：去。abhi-upa-：接近，到達，伺候。ava- :理解，了解。upa-：接

	近；upa-過被分：upeta，具備...，具有...。
itas	（副）在這裡，從此（處），從此（世界），從此（時）。itas tatas：這兒那兒，到處，隨處。
iti	（副）這樣，如是，因爲。與各種引語連用，起引號的作用。-uktvā：如是說；常用以表示直接引文。
idam	（指代）這，此。
indriya	（中）感官，感覺，器官。
iyat	（代形）這麼大的，這麼多的。
iva	（連）如同，好像，恰恰。
iṣ-	IV. iṣyati，送，遣，迅速尋找。pra-：派遣，送去。anu-：跟隨，搜索。
iṣ-	VI. icchati，欲求，希望。過被分：iṣṭa。abhi-：探求，希望。
iha	（副）在這裡，在這世界，目前。

Ī

īkṣ-	I. īkṣate, 看。過被分：īkṣita。不定：īkṣitum。動名：īkṣitvā, -īkṣya。現反分：īkṣamāṇa。現被分：īkṣyamāṇa。apa-：期待。ava-，sam-ava-：眺望。ud-：尊敬，仰望。nis-：環視，眺望，注視。vi-：注視，眺望。sam-：認知，確認。abhi-sam-：眺望。
īdṛśa	（代形）這樣的，這般，如此之甚的。
īdṛśika	（形）這樣的。
īr-	II. īrte，從事，行動起來。使役：īrayati，發出（聲音），宣揚，使行動，使之存在。abhi-ud-：宣說，發出（聲音，說話）。sam-ud-：發出（聲音，說話），高揚。

U

ujjvala	（形）閃耀，發亮，燃起。
uttama	（形）最好，最高，最上。
utpala	（中）青蓮花。
utpāda	（男）出現。cittotpāda：生起（心）。

utsava　（男）節日，祭禮，喜悅，幸福。mahā-:大喜樂。-kriyā :（女）祭典。
udadhi　（男）雲，河，海，洋。
udyāna　（中）公園，花園。-bhūmi：（女）公園。
upadrava　（男）不幸，災害。
upadruta　（形）遭到厄運，不幸，悲慘。
upapatti　（女）生起，出現，出生。
upapāduka　（形）自己產生，自生。（男）自然而生的東西。
upama　（形）最好，最高，最接近。複合詞末：等同...，與...相似。例如：lokapāla-：等如 lokapāla（一樣）。
upamā　（女）相似，相同，比喻。
upari　（副）在上方，在上面。
upāya　（男）手段，方便，策略。
upeta　（形）具備，具有，得到，到達。
urvī　（女）地，土地。

Ṛ

ṛju　（形）正直，正確，誠實。
ṛjuka　（形）正直，正確。
ṛddhi　（女）超自然力量，神通，魔法，成功。

E

eka　（基數）一，唯一的。ekaika:（形）各自，各各。-deśa :（男）一個地方，一部分。
etad　（指代）這，此。
etarhi　（副）現今，目前。
etādṛśa　（形）如斯，這樣的。
enad　（指代）那，他，她，它，他們，她們，它們。這個代詞只用作 etad 和 idam 變格中幾個任選的格，如：男單對：enam、具：enena；男雙對：enau、屬、位：enayos；男複對：enān 等。這個代詞不能放在句子開頭，只用來指已經講過的事物和人物。

eva （副）實在，如是，只有，就這樣。
evam （副）像這樣，如此。
evaṃrūpa （形）如是。

O
ojas （中）體魄，精力，身體的能量。
oṣadhī （女）草藥。

AU
aurasa （男）兒子。（形）自己的，固有的，自生的。

K
ka （疑代）誰？何？甚麼？（用作名詞及形容詞）**-cid, -cana, -api**：（不定代）某些（人或物），一些，某個，一個。（參看 **kim**）
katham （疑副）怎樣？如何？爲何？**na kathaṃ cana**：絕不...。
kathā （女）寓言，故事，講話。**kā kathā**：關於...，可以說什麼呢？
kadā （疑副）什麼時候？**kadācid**：有一次，有時，某時。**kadācit**：有時，某時。**na kadācid**：永不，任何時候也不...。
kamp- **I. kampate**，搖動，震動。過被分：**kampita**；動名：**-kampya**。**pra-**：搖動。
karman （中）工作，行爲，業，實踐，宗教儀式。複合詞：**karma-**。
kalaha （男）競爭，糾紛，戰鬥。
kalpa （男）劫（極長的時間單位）。（形）等於，與...相似，適合，適當。
kākapeya （形）烏鴉可喝的。
kāṅkṣ- **I. kāṅkṣati**，希望，嚮往，等候，遲疑。**abhi-**：渴望。
kānana （中）叢林，森林。
kāma （男）目的，願望，意欲，愛情。複合詞末：對...

	的愛好或渴望。
kāya	（男）身體。
kāraṇa	（中）理由，原因，事情，種類。
kārin	（形）所作的（事），導致，作爲（置於複合名詞之末）。
kāla	（男）時，適時，一段時間。
kāś-	I. kāśati, kāśate，出現，照耀。使役：kāśayati。使役現主分：kāśayat。pra-使役：開示，演說。
kiṅkiṇī	（女）鈴。
kim	（疑代）誰，何。在句首：是否...? -cid, -cana, -api：（不定代）某些（人或物），一些，某個，一個。kiṃ bahunā （具）：不要再多說了。
kīrt-	X. kīrtayati，述及，告訴。pari-：宣告。sam-：宣佈。
kutas	（疑副）從何處？爲何？怎會？
kumāra	（男）男子，童子，王子。
kuśala	（中）善，善性。
kūrma	（男）龜。
kṛ-	VIII. karoti, kurute，做，造，作，實行。puras-：尊敬，置於首。使役：kārayati。被動：kriyate。過被分：kṛta。動名：kṛtvā，-kṛtya。完成：cakāra。
kṛtya	（形）應該（做...），合宜，可行。（中）義務，事情，行動，應做的事。
kṛpaṇa	（形）可憐，悲慘，不幸。
kṛpā	（女）慈悲，同情，寬恕。
kṝ-	VI. kirati，散布。過被分：kīrṇa。現被分：kīryamāṇa。動名：kīrya。ava-，pra-，abhyava-：散布。abhi-kīrṇa：充塞。
kḷp-	I. kalpate，適應，認爲。完成：cākḷpe。使役：kalpayati；想像，感受，思想。
keśa	（男）頭髮；鬃毛。
koṭi/koṭī	（女）俱胝，千萬，端，目的。
kautūhala	（中）興趣，欲望，好奇心。
kauśalya	（形）巧妙，熟練。
kram-	I. krāmati，步行，橫行。動名：-kramya。ati-：越過。

kramena	（副）漸漸地，一步步。
kriyā	（女）教導，行爲，活動，實踐，儀式。
krīḍā	（女）遊戲，玩耍，運動，娛樂。
kleśa	（男）苦惱，苦痛，煩惱。
kṣaṇa	（男）瞬間。kṣaṇam：（副）在一瞬間。
kṣitipātmaja	（男）王子。cf. kṣitipa：（男）王。ātmaja：（男）兒子。
kṣipra	（形）快速。-m：（副）迅速地。
kṣetra	（中）田，土地，國土。

KH

khaṇḍa	（男,中）部分，碎片。khaṇḍa-khaṇḍam：一片片，四散，零散地。
khalu	（副）確實，誠然，實在，現在。
khyā-	II. khyāti，說明，告知。不定：khyātum。使役：khyāpayati，使知聞。ā-：說明。sam-：計算，全部加起來。。

G

gaṇa	（男）大眾，多數，群，集團，教團。
gaṇana	（中）計算。
gaṇanā	（女）計算。
-gata	gam- I. 過被分：在...，掉進...，being in...。
gad-	I. gadati, 清楚地說，計算。完成：jagāda。abhi-：交談。ni-：說話。
gandha	（男）香，香料。
gandhika	（複合詞末）有...的香味。
gam-	I. gacchati，去，走。過被分：gata。不定：gantum。現主分：gacchat。abhi-：接近，來。ava-：理解，思考。
gambhīra	（形）深，厚（雨雲）。
garj-	I. garjati，轟然巨響，吼叫，（心情）激動。完成：jagarja。過被分：garjita。
garbha	（男）子宮，胚胎，蓮花的花萼。
gāthā	（女）偈頌。

gāh-	I. gāhate，潛入，深入，進入。完成：jagāha, jagāhe。過被分：gāḍha。
gīta	（中）歌；gai- I.（唱，頌）的過被分。
guṇa	（男）德，功德，性質。
Gṛdhrakūṭa	（男）靈鷲山。
gṛha	（中）家。複數：gṛhāṇi。-abhimukha：（形）向著家。
go	（男,女）公牛，牝牛。
gaurava	（中）尊敬，尊重，重要性，攸關。
grīva	（男）頸項，脖子，通道。

GH

ghana	（男）雲。（形）大，厚。
ghātana	（中）殺害。
ghoṣa	（男）巨響，鼓聲。（動物）鳴叫。
ghrā-	I. jighrati，嗅。過被分：ghrāta。動名：-ghrāya。ā-：嗅，接吻。upa-ā-：同上。

C

ca	（連）和，及，而且，雖然，可是（連接相反的東西）。常與 eva，api 連用。ca...ā：既...又。ka ca, kim ca：表示泛指。
cakra	（中）輪，某種圓形武器。
cakṣus	（中）眼。
catur	（基數）四。catuḥ：（副）四次。-daśa：（序數）第十四。（女）-ī。
candra	（男）月亮。
car-	I. carati，行走，去，行動，參與。nis-：展現。過被分：carita。動名：caritvā, -carya。
caryā	（女）修行，行爲。
cal-	I. calati，移動，走，心神恍惚。過被分：calita。現主分：calat。使役：calayati, cālayati。pra-：搖動，震動。
ci-	V. cinoti, cinute，建造，構成，收集，獲得。過被分：cita。ā-：積聚。sam-：收集，堆起，積聚。

ci- V. cinoti, 知覺，探索。nis-：決定。vi-：識別。vi-nis-：思量，決定。
cikitsaka （男）醫生。
citta （中）心，思考。（形）認知，思量，考慮。
citra （形）各色各樣，美妙，色彩斑斕。
Citradhvaja （男）莊嚴幢（人名）。
cintā （女）思考，仔細思量，憂慮。-vaśa：（形）憂心忡忡（被憂慮支配）。
cira （形）長久，長時間。-m：副詞，久久。-rāt：（從格）長時間之後。-rāya：（爲格）長期。
cud- I. codati, -te，催促，加速，激發。過被分：cudita。使役：codayati；刺激，非難。
cetanā （女）智慧，知覺，意識，理解。
cetas （中）意識，知覺，心。
ced （副）當...之時，如果，而且。
cyu- I. cyavati, cyavate，移動，走開，落下。過被分：cyuta。不定：cyavitum。

CH

chidra （中）孔，裂縫，裂口，缺點。

J

jagat （中）世界。
jan- IV. jāyate，出生，生起，出現。過被分：jāta。使役：janayati。ā-使役：使出生。prati-ā-：出生。
-jana （男）...的群體，...之眾。ayaṃ janaḥ：我們。
janatā （女）眾人，人民。
jarā （女）年老。-bhaya：（中）對年老的恐懼。
jaladhara （男）海洋，雨雲，泛指一切含水之物。
jalarājan （男）水之王，大海。
jāti （女）出生，種族，階級。
jātu （不變化）從來，完全，曾經。
jānaka （形）有智慧。
jāmbūnada （中）黃金。
jāla （中）網。

jina	（男）勝利者，勝者（對佛陀的稱謂）。-putra：勝子，佛子。
jīv-	I. jīvati，生存，生活。使役：jīvāpayati, jīvayati。過被分：jīvita。現主分：jīvat。
jīva	（男）生命，生物，生活。（形）活的。
jṝ-	IV. jīryati, jīryate，老邁，衰退。過被分：jīrṇa。不定過去：ajārīt。完成：jajāra。
jñā-	IX. jānāti, jānīte，知道，理解。完成：jajñe。過被分：jñāta。動名：jñātvā。被動：jñāyate。使役：jñapayati, jñāpayati。ā- 使役：命令。
jñāna	（中）智慧，知識。
jvala	（男）火焰。
jvalana	（形）燃起，燃燒。

T

tatas	（副）於是（then），由彼（人或地），因而。
tatkṣaṇam	（副）刹那間，立刻，在那個時刻。
tatra	（副）那裡，在那裡。
tathā	（副/連/關代）那樣，同樣，因此，那末。yathā...tathā...：既然...那末...；爲了...於是...。tatheti：是那樣。tathaiva：正是那樣。tathā tathā：這樣那樣。
Tathāgata	（男）如來。
tad	（指代）那個，那，彼，他/她/它/牠（that, the ,he, she, it）。tat:（副），因此，於是。tad 有時與第一、二人稱代名詞合用，表示強調：so 'aham: I myself, I that very person, （唯有）我自己。tad-yathā：即是。
tadā	（副）那時，在那情況下。
tap-	I. tapati，發光，發熱。現主分：tapat。過被分：tapta。pra-：照耀。
tala	（中）表面；（男,中）手掌。
tādṛśatā	（女）那樣的事。
tāyin	（男）保護者，護世者（佛陀）。
tāla	（男）多羅樹，棕櫚。

tāvat	（副）直到那時，如此之多/大，到如此程度，當時，確實。（代形）那麼多的，so much，so great，常與 yavat 連用。
tiryañc	（男,中）畜生，動物。複合詞：tiryag-。
tīkṣṇa	（形）尖銳，熾熱。
tu	（品）與命令語氣連用：請問；其實，另一方面，可是。kim tu:雖然，儘管如此。
turaṅga	（男）馬。
tuṣ-	IV. tuṣyati，滿足，平靜。過被分：tuṣṭa。使役：toṣayati。sam- 使役：使之滿足。
tūrya	（男,中）樂器。
tṛṣṭa	（形）渴望；（男,中）渴望者。
tṛṣṇā	（女）渴望，欲望。
tṝ-	I. tarati，橫越。動名：-tīrya。ava-：下降，下來。
tena	（副）如是，因此，所以，那末。與 yatas 或 yad 或 yena 同用：因爲...所以。
trāṇa	（中）救濟，保護。
trātṛ	（男）保護者，救濟者。
triṃśat	（基數，女）三十。
tribhava	（男）三界（欲界，色界，無色界）。
tva	（人代)第二人稱的詞幹。
tvad	（人代)第二人稱單數的詞幹，用於複合詞：tvat。

D

daṃṣṭra	（男）牙，齒。
dakṣiṇa	（形）南，右。（男）右手，右面，南面。
darśana	（中）看見，觀察，展示，出現，外表。
darśanīya	（形）壯觀，好看。
daśa	（基數）十。
dah-	I. dahati，燃燒。過被分：dagdha。現被分：dahyamāna。
dā-	III. dadāti, datte, 給與，供給。被動：dīyate。使役：dāpayati。sam-ā-：鼓舞，開導。anu-：給予，允許。
dāru	（男,中）木，木材。
dāruṇa	（男）恐怖。（形）可怖。

divākara	（男）太陽。
diś	（女）方向，方位，點。
diś-	VI. diśati，指示，分配，教導。過被分：diṣṭa。使役：deśayati：指示，教導。
diśā	（女）方向，方位。
dīptatā	（女）光輝。
dīrgha	（形）長（時間或空間）。-m：（副）長久地，深深地。
duḥkha	（中）苦。（形）不幸。
dundubhi	（男,女）大鼓。-svara：（男）如大鼓之音。
durga	（形）難以通過，無法到達；（中）險境，難關。
durgati	（女）不幸的境遇，惡趣，惡劣的存在狀態。
duṣ-	IV. duṣyati，作惡，變壞，破壞。過被分：duṣṭa。pra-：墮落，變壞。
duṣṭa	（形）懷有惡意，惡毒，壞，錯誤。
dṛś-	I. 看，見。現在詞幹：paś-。不定過去：adrākṣīt；完成：dadarśa。過被分：dṛṣṭa。不定：draṣṭum。動名：dṛṣṭvā。使役：darśayati。upa- 使役：展示。
dṛṣṭi	（女）眼光，眼神，視線，態度。
dṛṣṭiviṣa	（男）帶惡毒眼光的（蛇），毒蛇。
deva	（男）天，天神。-pati：（男）天神的君主（因陀羅）。
doṣa	（男）惡德，過失，罪惡，災厄。
druma	（男）樹木。

DH

dharma	（男）規定，法，說教，特徵，義務，習慣，存在的狀態，存在的事物。saha dharmeṇa：正當地，正確地。
dhātu	（男,女,*中）物質或心的構成要素，界，領域，遺骨。（*中性極罕見）
dhīra	（形）堅定的，有勇氣的。-tva：（中）勇氣。
dhṛ-	I. dharati，保持，生存，生活。過被分：dhṛta。被動：dhriyate。使役：dhārayati。ava- 使役：使固定，以為，認為。

N

nakṣatra	（中）星宿。sa-：（形）繁星相伴。
nakhara	（形）如爪一樣，屈曲。（男,中）爪，指甲。
nad-	I. nadati, -te, 吼叫，發出聲響。使役：nādayati；使役過被分：nādita。anu-, ud-：鳴響。
nam-	I. namati，彎下來，鞠躬。過被分：nata。動名：natvā。ā-nata：屈曲。ava-：彎下身來。sam-ud-：起來。pra-對格：禮拜，頂禮。pari-：變換，發展。使役：nāmayati, namayati。upa-nāmayati：帶領，領導。
namas	（中）敬禮。namo' stu（+為格）:向...頂禮/歸命。namas-kāra:（男）頂禮。
nabhas	（中）天空，雲，霧。
nayuta	（男,中）千億。=niyuta（BHS）。
nara	（男）人，男人。-indra：（男）王，君主；-pati：（男）王。--patha：（男）都城大路。
naraka	（男,中）地獄。
narottama	（男）人上人，人中龍象，最優秀的人；指佛陀或毘濕奴神。
nāga	（男）象，蛇，龍。
nātha	（男）主人，丈夫，保護者，擁有者。
nāma	（副）確實，實在地，仿似。
nāma-dheya	（中）名稱，名號。
nāman	（中）名稱，名字。對格：nāma：（副）稱為...，叫做... = nāmnā（具格）。
nāyaka	（男）指導者，導師：引導大眾進入佛道的人，是佛菩薩的通稱。
nāśa	（男）消失，喪失，毀滅。
nāśaka	（形,中）消滅，除去，破壞。
nigaḍa	（男）鐵足鐐。
nitya	（形） 時常，不變，持續。複合詞末：常住於...。
nitya-kālam	（副）任何時候都...，不間斷，往往，時常。
nidarśana	（中）外觀，展示，指示。
nidhana	（中）終結，破壞，死亡。
niyantṛ	（男）御者，車伕，馴養者。

niyuta	（中）千億。= nayuta（男,中）。
nirbhāsa	（男）光芒，外觀。
nirmala	（形）無污，無垢。
nirvāṇa	（中）滅，涅槃。
nirviśeṣa	（形）無差別的，一樣。-m：（副）一樣地，無分別地。
nirviṣa	（形）無毒。
ni-śam-	IV. ni-śāmyati, 知覺，聽聞，觀察。動名：ni-śamya。
niścaya	（男）確定，決定，決心。
niṣkampa	（形）不動。
niḥsaṃśaya	（形）毋庸置疑，確實。-m：（副）毋庸置疑。
nīla	（形）黑，深藍，藍，青。-utpala：（中）青蓮。--ardha：（男）青蓮的半瓣。
nu	（副）實在，現在正是，馬上；用以表示鄭重的語氣。但與疑問詞同用，表示懷疑、不確定的語氣。與關係代名詞並用，表示泛指。
nṛpa	（男）王，國王。
nṛpātmaja	（男）王子。（形）生於王族。
netra	（中）眼。（男）指導者。
nyāyya	（形）正確，適當，確當。-m：（副）合適，適宜。

P

paṅkti	（女）列，群，並列的樹木。
pac-	I. pacati，煮，熟。動名：paktvā。pari-pācayati：成熟。
paṭ-	I. paṭati，劈開，撕，裂。vi-：分開，鬆綁。ud-：刺破，穿出。
paṇḍita	（形）有學問，聰明，有智慧。（男）智者，學者。
pat-	I. patati，掉落，掉下。pra-：墮落，落下。過被分：patita。使役：pātayati。
patākā	（女）旗幟。在複合詞末，變爲 patāka：pracalat-patāka：（形）搖晃的旗幟。

patha	（男）道路，大道。
pad-	IV. padyate，下墮，去。完成：pede；未來：patsyate。過被分：panna。ā-：達到（某種狀態）。pra-：進入，到達。ud-：現起，生起。upa-：出現，轉世。使役：pādayati。ut-使役：生起...的心。
padma	（男,中）蓮花，荷花。
padmākara	（男）蓮池，荷塘。
payas	（中）乳汁，水，食物。
para	（形）1. 遠的，更遠的。2. 其次的，以後的。3. 最好的，極度的。4. 惟有。5. 其他的。
parākrama	（男）勇氣，氣力，勇猛。
parāyaṇa	（中）最終目的，最終歸宿。
pariṇāha	（男）圓周，周邊，寬度。
parivarta	（男）章，遍。
parivṛta	（形）被圍繞。
paryantī-kṛ-	終結，完結。
parvata	（男）山，山脈，石。
paś-	IV. paśyati（dṛś- 的現在系統形態），看。對格-paś-：看作...。
paścāt	（不變化）從後，後面，之後，從西邊，西邊。
paścima	（形）西方，後面，最後（時或地）。-e：（不變化）在西方。
pā-	I. pibati, 飲，吸。過被分：pīta。
pādapa	（男）樹木，植物。
pāpa	（中）罪，罪惡。（男）壞人。
pāpaka	（形）壞，邪惡。（男）惡人。
pārami	（女）極點，極度。
pāramiṃ-gata	（形）極爲深奧；到達彼岸，獲得，完成。
pitṛ	（男）單數：父親。雙數：父母，雙親。複數：祖先，父系祖先。
pīḍ-	X. pīḍayati，壓迫，折磨，使痛苦。過被分：pīḍita。
pīta	（形）黃，黃色。（男）黃色。
puṃskokila	（男）杜鵑。
puṇya	（形）神聖，吉祥，好，正經。（中）福德，品德，純潔。

putra　（男）兒子。

punar　（副）再次，更加，並且。punaḥ punar：一而再，再而三。-bhāva：（男）再生。

pura　（中）都市，城市。

puratas　（副）前面（時間，空間）。

puras　（不變化）前，第一，向東面，在東面。

puṣkariṇī　（女）蓮池，池。

puṣpa　（中）花。-jāla：（中）繁花。-ja：（形）由花而生。-phalavat：（形）花果充盈。

pūj-　X. pūjayati，崇拜，供奉。不定過去：apūpujat。過被分：pūjita。

pūjā　（女）供養，供奉，敬拜。

pūrva　（代形）從前，早期，在前面，東方。-āśaya：（男）前世的意向。-m, -e：（副）曾經，之前，以前。

pṛ-（pṝ-）　III. piparti，帶到，帶過（對格），救出，能夠。

pṛ-（pṝ-）　IX. pṛṇāti，充滿，裝滿，使滿足。過被分：pūrṇa。使役：pūrayati。pari-：以...充滿。

pṛthak　（副）個別，分別，異於...。-jana：（男）身份低微的人，庶民。-ākṛti：（形）與...外貌不同。

paura　（形）都市的。（男）市民。

prakarṣa　（男）卓越，出眾，長久，（距離）很遠。

prakṛti　（女）本來的、自然的狀態，根源。

prach-　VI. pṛcchati，問，查詢。過被分：pṛṣṭa。不定過去：aprākṣīt。pari-: 問。

prajā　（女）生靈，子孫，人民，動物。

prajñā　（女）般若，智慧。

praṇaya　（男）愛，享樂，欲求，渴望，宣揚，發揮。-vacana：（中）愛情的表白。

praṇidhāna　（中）誓願。

praṇidhi-sāgara　（形）誓願如海。

prati　（前置）與對格連用：向...，關於...。

pratikṣepa　（男）誹謗，爭論。

pratyakṣa　（形）在眼前。-tas：（副）在眼前。-darśin：（形）目擊；（男）目擊者。

pratyaṅga　（中）部分，身體的部分，肢體。**-hīna**：（形）身體殘缺。
pradeśa　（男）指示，地方，領域。
prabhā　（女）光，美麗的外表；用於複合詞末，爲形容詞。
prabhāva　（男）力，威力，效果。
prabhāsvara　（形）光輝，明亮。
prabhūta　（形）豐富，眾多。
pramāṇa　（中）大小，量，長度，標準，判斷的依據，正確的觀念，權威。
pramāṇī-kṛtya　（形）能量度，應量度。
pramāda　（男）迷醉，輕率，疏忽，不檢點。
prayāṇa　（中）出發，旅遊。
praśaṃsā　（女）名聲，讚美。
prasanna　（形）明亮，純淨，澄明。
prasrava　（男）流動，水流。（中）瀑布。
prahṛṣṭa　充滿歡樂。**pra- hṛṣ- IV.**的過被分。
prāṇin　（男）生命，動物，人類。
prāmāṇika　（形）可量度的。（女）**prāmāṇikī**。
prāsāda　（男）宮殿，樓臺。**-pṛṣṭha**：（中）宮殿的屋頂/陽台。**-vara**：（形）宮殿中最殊勝的。
premaṇīya　（形）漂亮，可愛。
preṣ-　**IV. pra-iṣ-, pra-iṣyati**，派遣，迴向。

PH

phala　（中）果實，成果，結果，報應。

B

bandh-　**IX. badhnāti**，綁住。過被分：**baddha**。被動：**badhyate**。**ni-**：綁住，伴隨，裝飾，被唱頌。
bandhana　（中）束縛，綁住，囚禁。（形）綁住的。
bala　（男,中）力量，力，軍隊。
bahis　（副）在外，外出。**-prayāṇa**：（中）外出，外遊。
bahu　（形）多，大；**-tara**：更多。

bāla	（男）小孩，男孩，愚者。（形）年輕，無知，幼稚，膚淺。
buddha	（男）覺者，佛陀。
buddhi	（女）智慧，理性。buddhiṃ kṛ-：決心，做決定。kṛta-buddhi-moha：（形）理智被蒙蔽。
budh-	I. bodhati, -te；IV. budhyate，醒，醒覺，注意，理解。過被分：buddha。ni-：知道，認識。pra-：醒來。prati-：醒來。abhi-sam-：完全的覺悟。
bodhi	（女）開悟，菩提。
bodhisattva	（男）菩薩，求菩提的人，覺有情。
bauddha	（形）與佛相關的，佛的。
brahman	（中）梵天，造物主。（男）婆羅門。
brū-	II. bravīti, brūte，說。

BH

bhagavat	（男）主，世尊，薄伽梵。
bhañj-	VII. bhanakti，打破，粉碎，裂開。過被分：bhagna。動名：-bhajya。
bhaya	（中）恐怖，恐懼，危險。（男）疾病。
bhartṛ	（男）主人，丈夫。-suta：（男）主人的兒子。
bhava	（男）生活，生存，有。
bhavat	（人代）您（敬稱）。
bhavana	（中）家，居所，住處，宮殿。
bhāga	（男）部份，地域，側面。
bhāṇḍa	（中）容器，槽，桶，工具。-bhṛt：（形）套上馬具。
bhāva	（男）心情，狀況，狀態。
bhāvin	（形）會發生，注定，無可避免。
bhāṣ-	I. bhāṣate，說，宣告，告訴，唱頌（偈）。完成：babhāṣe。pra-：宣告。prati-：回答。adhi-：恭敬地說。
bhās-	I. bhāsate，照耀，發亮。完成：babhāse。pra-：宣講。
bhikṣu	（男）比丘，僧。

bhū- I. bhavati，成爲（to become），存在（to be），有，亦作助動詞用。不定過去：abhūt；祈願：bhūyāstām；過被分：bhūta；未來：bhaviṣyati。動名：bhūtvā。複合未來：bhavitā。pra-：起來，存在，出現，強大。abhi-：壓倒；abhi-過被分：被壓迫，被征服。

bhūta （形）bhū- I. 的過被分：真實的，實在的。複合詞末：...的狀態，變爲...。（中）生物，精靈，妖怪，妖精，化身。

bhūmi （女）地，土地。

bhūyaṣ （副）再次，更加，又，非常。（形）更多，更大，更大程度。

bhṛ- I. bharati, bharate；III. bibharti, bibhṛte，負擔，運送，持有。過被分：bhṛta。ni-bhṛta：受過訓練，藏匿。sam-bhṛta：被遮蓋，被蓄積，被獲得。

bhṛt （形）戴上...，套上...。

bhoḥ （感）喂，嗨，噢。（本爲 bhavat 的呼格）

bhrū （女）眉毛。

M

makara （男）海中的怪魚，海洋的怪物。

maṇḍ- X. maṇḍayati，裝飾。過被分：maṇḍita。prati-：裝飾。

maṇḍala （中）大圓滿，大圓圈，全音階。

mad （人代）第一人稱單數的詞幹變格，亦用於複合詞中。mama：我的（單屬）。

mad- IV. mādyati，瘋狂，歡喜，陶醉，興奮。過被分：matta。現主分：mādyat。pra-：狂亂。

man- IV. manyate，思考，想。完成：mene。過被分：mata。使役：mānayati；動名：matvā。現反分、現被分：manyamāna。anu-：贊成，允許。

manas （中）心，思考，意志。-jña：（形）愉快，讓心情暢快。-priya：（形）心愛。

manuṣya （男）人，人類。-tva：（中）人身，人的性質/事物。

manojña	manas-jña；（形）吸引人的，心曠神怡的。
manoratha	manas-ratha；（男）願望，希望，欲求。
manorama	（形）美好，悅樂，令人滿足的，有吸引力。
mantr-	X. mantrayati，說，勸告，諮詢。ā-：稱呼，告訴。
mantra	（男）真言，咒語。吠陀的讚歌。
mandāra	（男）曼陀羅花，曼陀羅樹。
-maya	（形）以...造成；充滿...；包含...。
maraṇa	（中）死亡。
maru	（男）天神。
mahātman	（形）靈魂高貴的，心志高潔的。
mahā-puruṣa	（男）大人物。
mā-	II. māti；III. mimīte，量度，比較（大小）。完成：mame。nis-：製造，創造。pra-：衡量。anu-：想像，構成概念。
mā	（品）與命令法、不定過去的指令法同用，表示禁止。
-mātra	（形容詞，於複合詞末）是否...，（過被分之後）....的時候（as soon as），以...爲標準，只有...。
mānasa	（形）屬於精神的東西；在精神上，在心裡。（中）心，意，精神。
mānuṣa	（男）人，人類。
māyā	（女）幻像，幻影，超自然能力。
mārga	（男）道路。
mārdava	（形）（心）平和，柔軟，親切。
mālya	（中）花環。
mukhara	（形）能說會道，吵鬧。
muc-	VI. muñcati, -te，解放，釋放，離去。完成：mumoca；未來：mokṣyati；過被分：mukta；動名：muktvā，-mucya。
muni	（男）聖者，賢者，牟尼。
musāragalva	（男）珊瑚，藍寶石，綠寶石。
mūḍha	（形）愚昧，迷亂，困惑。（中）意識混亂。（男）笨人。
mūrdhan	（男）頭，頂。
mūla	（中）根，根源。

mṛ- IV. mriyate，死去，死。過被分：mṛta。
mṛga （男）野獸，鹿，羚羊。
mṛdu （形）温和，柔軟，柔和。-śādvala：（中）柔軟的草地。
mṛṣa （男,中）說謊，虛假。（形）錯誤。
mṛṣā （副）徒然，無故地，錯誤地，虛假地，認爲...是假的。
megha （男）雲。（形）-vat：多雲。
Meru （男）須彌（山名）。
moha （男）迷妄，無知，愚昧，失去知覺。
maitra （形）友善，慈愛。（男）朋友。
maithuna （男,中）交配，性交，結合，結婚。

Y

yakṣa （男）夜叉，藥叉，華譯捷疾鬼，這種鬼能夠在天空中飛行。
yatas （副）從那處（時或地），由於（原因）。
yatra （副）在那裡。（關代）在該處。
yathā （關代）那樣的，因爲，如同...；常用於 tathā 之前。
yad （關代）誰，何，其。（副）that（用於引用句或直述句之首，以開導下接的思想或說話內容）。
yadā （連）當...之時，如果（= yadi）。
yadi （連）如果，假如，whether, if。
yadṛcchā （女,形）偶然，自發的。
yama （男）閻魔，死神，烏鴉。
yaṣṭi （中,女）枴杖，棍棒，柱子。
yā- II. yāti, 去，走，行，到達。完成：yayau。過被分：yāta。不定：yātum。使役：yāpayati。pra-：出發，出家。
yātrā （女）旅行，遊覽，遠足。
yuga （中）軛。-cchidra:（中）軛孔。
yuj- VII. yunakti, yuṅkte，結合。未來：yokṣyati。過被分：yukta。被動：yujyate。使役：yojayati。anu-：問。abhi-：使擔任。upa-：使用，食用。

yuvan （形）年輕。（男）年輕人。
yogya （形）（與屬格並用）相稱的，適合的，配合的。
yoni （男,中）本源，起源，母胎。

R

rakṣ- I.rakṣati，保護，守護。過被分：rakṣita。未被分：rakṣaṇīya, rakṣya。被動：rakṣyate。
rati （女）快樂，享受，戀情，情欲。
ratna （中）寶石，珠寶。
ratha （男）戰車，馬車。-praṇetṛ：（男）御者。
raśmi （男）光線，光輝，韁繩。-dhāra：（男）駕馬車者，車伕。
rākṣasa （男）羅刹，惡鬼的總名，或飛空，或地行，喜歡食人的血肉。
rāj- I.rājati, rājate，發亮，發光，管治。vi-：照耀。
rājan （男）王。複合詞：rāja-。
rājapatha （男）王都大道。
rājamārga （男）都城大道，大道。
rājātmaja （男）王子。
ripu （男）敵人。（形）欺詐，不老實。
ruc- I. rocate, rocati，照耀，發亮，使高興。不定過去：arucat。
rudh- VII. ruṇaddhi, runddhe，阻止。完成：rurodha。過被分：ruddha。ava-：困住，關在裡面。
ruh- I. rohati，登上，生長。完成：ruroha。過被分：rūḍha。使役：rohayati, ropayati。過被分：ropita。ā-：登上，乘（車）。
rūpa （中）色，形，可見的東西。外貌，形式，跡象，符號，美麗的姿容。-vat：（形）美麗的。
rūpya （中）銀。
roma-kūpa （男,中）毛髮，毛穴。
roman （中）人和動物身上的毛髮，鳥的羽毛，魚鱗。

L

lakṣaṇa （中）特徵，形相。

lakṣmī （女）美好，威儀，財富，優雅，成功。
labh- I. labhate，獲得。完成：lebhe。未來：lapsyate。upa-：知覺，獲得，承認。
-lābhin 獲得，得到，遇到（與屬格同用）。
locana （中）眼。（形）明亮。
lok- I. lokate，看，顧，視。動名：-lokya。使役：lokayati（通常只用使役法，而且只與 ava，ā 或 vi 連用）。ava-，a-：眺望。vi-：注視，認識，察知。
loka （男）世界，世間，地區，人類。
Loka-īśvara （男）世自在。
loka-dhātu （男,女）世界。
lohita （形）紅色。（男,中）紅蓮花。
lohita-muktā （女）赤珍珠。

v

vac- II.vakti，說，告訴，稱做。過被分：ukta。完成：uvāca。動名：uktvā。被動：ucyate。pra-，abhi-：告訴，宣言。
vajra （男,中）鑽石，金剛，雷電，因陀羅的雷電。
vad- I. vadati, vadate, 說，講。使役：vādayati。
vadhya （形）被判死刑。（男）受害者，敵人。
vadhya-ghātāna （中）死刑執行者。
vand- I. vandate，稱讚，歌頌，致敬。完成：vavande。過被分：vandita。abhi-：向...致敬。
vapuṣmat （形）美麗，俊美。
vayas （中）年輕，年紀。
varṇa （男）顏色，形狀，種姓，讚賞。varṇaṃ bhāṣ-：讚美。
varṣa （男）雨，歲，年，日子。
vallabha （形）喜愛的。屬格：受歡迎的。（男）愛人，丈夫。
vaśa （男）控制，支配，力量，權力。vaśaṃ-gata：（形）受...所支配，服從於...。
vā （連）或者，只有，實在。
vā- II. vāti，吹，打，擊。nis-：吹熄，入涅槃，入滅。過被分：vāta, vāna。

vākya （中）說話，宣言，命令。
vāc （女）話語，言語，聲音。-cāturya：（中）巧言。-paṭutā：（女）雄辯。
vāta （男）風。
vāma （形）左面。
vāri （中）水，雨。
vālukā （女）砂，碎石。
vāsanā （女）熏習（業的潛在力）；由記憶推尋所得的知識，錯誤的意念。sa-：（形）帶有熏習。
vikala （形）欠缺的，不完全的。
vikriyā （女）變化，改變。
vikṣepatā （女）（心）散亂。cf. vikṣipta-citta：（形）心散亂。
vigraha （男）衝突，戰爭。
vicikitsita （中）懷疑。
vicitra （形）多色的，多變化的，繽紛。
vij- VI. vijate，震動。完成：vivije。過被分：vigna。使役：vejayati；動搖。sam-：惶恐。
vijña （形）聰明，賢明。（男）聰明人。
vitimira （形）沒有黑暗，晴朗。
vid- II. vetti，知道。過被分：vidita。完成：veda。使役：vedayati。被動：vidyate。動名：viditvā。ni- 使役：告知。
vid- VI.vindati, vindate，發現。被動：vidyate（存在）。
vidu （形）聰明，有智慧（特指佛、菩薩）=vidus。
vidyā （女）知識，符咒，神通力。
vidvas vid- II.的完成爲他分詞：有學識，有智慧，聰明。
vinaya （男）指導，調伏，毘奈耶，戒律。
vināśa （男）喪失，消失，摧毀。
vināśayitṛ （男）破壞者。（女）vināśayitrī。
vinīta （形）謙虛，行爲良好的，受過良好訓練的。
viparīta （形）顛倒，相反，錯誤，虛假。
vipula （形）廣大，深入。
vimāna （男,中）天神的鳳輦、車駕。
vimūḍha （形）愚蠢，被迷惑，被混淆。
viraja （形）無垢。

virajas　（形）無垢。
vivāda　（男）諍論，爭吵。
vividha　（形）形形色色的，各種各樣的。
viś-　VI. viśati, -te, 進入。完成：viveśa。過被分：viṣṭa。動名：-viśya。使役：veśayati。使役動名：-veśya。upa-：坐。ni-：回來，進入；ni-viṣṭa：固定。vi-ni-使役：視線集中在...。prati-ni-viṣṭa: 頑固，充滿惡意。
viśiṣṭa　（形）特別，優越，顯著。
viśodhita　（形）清淨，純淨。
viśvasta　（形）大膽，無畏，可信任。
viṣa　（中）毒。
viṣakta　vi-sañj- I. 的過被分：懸垂，懸掛。-mālya：（形）懸垂著花環。
viṣaya　（男）事物，主題，地方，領域。
vistīrṇa　（形）廣大，眾多。
vihāra　（男）享樂，享受，消閒。
vihiṃsā　（女）殺害，殺生。
vīj-　I. vījati，搧風，使涼快。使役：vījayati；使役現主分：vījayat。
vṛ-　V. vṛṇoti, vṛṇute，覆蓋。ā-：覆蓋。過被分：vṛta。pari-：包圍，圍繞。nir-vṛta:滿意的，熄滅的，消失的，不注意。pari-nir-：完全入滅，覺悟。
vṛ-　IX. vṛṇāti, vṛṇīte，選擇。使役：varayati；願求，選婚，求婚。
vṛkṣa　（男）樹。
vṛt-　I. vartate，-ti，迴轉，存在，成爲，發生。完成：vavṛte。過被分：vṛtta。現反分：vartamāna。使役：vartayati。pra-使役：轉向前，出發。ni-使役：回去，折回，中止，禁止。
vṛṣ-　I. varṣati，下雨，傾瀉，壓倒。pra-：下雨。
vetāla　（男）附在屍體的鬼怪，屍鬼。
vedikā　（女）石垣，欄楯，亭台。
velā　（女）季節，時。
veṣa　（男）衣服。
vaiḍūrya　（中）琉璃，貓眼石。

vaidya　（男）醫生，有學識的人。
vaipulya　（中）廣大。vaipulyam āyuṣaḥ（屬格）：長壽。
vyasana　（中）災難，逆境，困局，衰滅。vyasanin：（形）遇難（者），耽於惡習。
vyāḍa　（形）兇惡，凶猛。（男）捕獵者，食肉獸。
vyādhi　（男）疾病，痲瘋病。
vyūha　（男）配置，排列，結構。

ś

śaṃs-　I. śaṃsati，報告，告訴，讚美。不定過去：aśaṃsīt。完成：śaśaṃsa。ā-：期待，渴望。
śakaṭa　（中）車，馬車。
śata　（基數,中）百。
śatru　（男）敵人。
śanais-śanais　（副）非常緩慢地，徐徐地，靜靜地。
śabda　（男）聲，音，言詞。
śam-　IV. śamayati, śāmyati，靜下來，熄滅，停止。使役：śamayati, śāmayati；pra- 使役：平息，休息。ni-：知悉。動名：ni-śamya。
śayyā　（女）床舖，床。
śaraṇa　（中）庇護，避難所。śaraṇaṃ gam-：尋求庇護。
śarīra　（中）身體。
śastra　（男）劍。（中）刀，劍，武器。
Śāriputra　（男）舍利弗。
Śāla-rāja　（男）毘濕奴神之名；在娑羅樹林涅槃之王（=佛陀）。
śāsana　（中）支配，領域，命令，說教，懲罰。
śikṣ-　I. śikṣati, śikṣate，學習，熟習。過被分：śikṣita。
śikṣita　（形）熟習的，熟練的。（中）教導，指示，教學。
śikhin　（男）火。
śithila　（形）鬆弛，柔軟。
śiras　（中）頭。
śiśutva　（中）兒時，幼時，幼稚。
śīghra　（形）快速。（副）：-m。-tara：比較級。

śuci　（形）清淨，高潔，誠實，值得信任。
śuddha　（形）清淨，純淨。-buddhi：（女）清淨的智慧。
śuddhādhivāsa　（男）淨居天。
śubha　（形）光輝，美好，清淨。
śūnya　（形）空的，空虛，沒有實體。（中）真空，空間，（數字）零。複合詞末：欠缺...。
śoka　（男）憂傷，悲哀。
śobhā　（女）美麗，優雅，顯赫。
śraddha　（形）相信，深信，信任。vi-：不信。-ā：（女）信任。
śravaṇa　（中）聽聞。（男）耳。
śrāvaka　（男）聲聞，弟子。
śrī　（女）光輝，幸運，吉祥，優秀。
śrīmat　（形）美麗的，吉祥，富威儀的。
śru-　V. śṛṇoti, śṛṇute，聽。動名：śrutvā，-śrutya。完成：śuśrāva。
śvas-　II. śvasiti，呼吸，歎息。過被分：śvasita, śvasta；動名：-śvasya。ud-：深呼吸。niḥ-：歎息。
śvas　（副）明天，翌日。

S

sa-, sam-　（前綴）（在元音前）代表結合，伴隨，擁有；或用以代替 saha, sam, sama, tulya, sadṛśa, eka, samāna 等詞語。
saṃkhyā　（女）數目，數量，列舉。
saṃgrāma　（男）軍隊，戰爭，戰役，格鬥。
saṃgrāhaka　（男）車伕。
saṃcodana　（男）催促，激發。
saṃniṣaṇṇaka　（形）正坐在...，端坐著。
saṃpāta　（男）相遇，相撞，出現。
saṃrakṣya　（形）應被保密的，應受保護的。
saṃvigna　（形）恐懼，苦惱，不安。-cetas：（形）有厭惡心。
saṃvega　（男）激動，慌張，興奮。
saṃśaya　（男）懷疑，疑懼，猶豫，危險。

saṃstṛta	（形）鋪滿（砂）；saṃ-stṛ- V.的過被分。
saṅgha	（男）集團，團體，僧伽，教團，（敵）軍。
sacet	（連）假如，if。
sañj-	I. sajati, 附著，黏著於。過被分：sakta。不定：saktum。
sañjñin	（形）複合詞末：有...思想的（人）。
sattva	（男,中）人，生物，生命，有情，眾生。（中）本質，勇氣。
sad-	I. sīdati, 下沉，坐下，定居，遭受災難。ni-：坐下，就位。過被分：sanna。
sadā	（副）經常，始終，一向。
sadṛśa	（形）合適的，相似的，像那樣的，同樣的。
sa-devaka	（形）與神同在（的世界）。
sadguṇa	（男）正德，好的品德。
sad-dharma	（男）正法，妙法。
sapta	（基數）七。（序數）saptama：第七。
samatīrthaka	（形）水和岸邊同一水平（同等高度）；水滿溢到邊緣（=samatīrthika）。
samanta	（形）接鄰，完全。-tas：（副）到處，周匝。-tāt（從格）：（作爲副詞）從各處，周圍。
samanvāgata	（形）伴隨...，具備...，與...一起（與具格同用）。
samaya	（男）時，刻，本願，誓，三昧耶。
samalaṃkṛta	（形）被裝飾。
samādhi	（男）冥想，三昧，等持，放在一起。
samprati	（副）目前，現在，立刻，適時。
sambodhi	（女）完全的覺悟。
sambhava	（男）生產，出生，共同出現。複合詞末：產生於...，起源於...。
samyak	samyañc 的複合詞形態；（形）正確。（副）正確地。
samyak-saṃbuddha	（男）正等覺者。
samyañc	（形）同一方向，一起，正確。
sarasvatī	（女）口才，雄辯，言說，女神名（以口才著稱）。

sarva	（代形）一切，全部。-tas：（副）從一切處。-tra：（副）在一切處。-thā：（副）全部，一切處。-vid：（形）全知的；（男）全知者。-abhisāreṇa：完全地。
sarvatra	（副）到處，不論那裡。
sarvadā	（副）一切時，經常。
sarvaśas	（副）完全地，徹底地，處處。
sa-vidyut	（形）帶電光的（雨雲）。
saharṣa	（形）喜悅，歡欣。
sahasra	（基數,中）千。
sāgara	（男）海，海洋。
sāman	（中）親切，溫和，友善。
sārathi	（男）御者，駕駛者，領導者。
siṃha	（男）獅子，強大者。
sic-	VI. siñcati,-te，注入，灑。過被分：sikta。abhi-：灑水，灌頂（國王登基時）。
sita	（形）白，白色。
sukara	（形）容易去...，easy to be done，easy to...（與不定詞連用）。
sukumāra	（形）柔軟，細緻。
sukumāracitta	（形）具有纖細的、柔軟的心。
sukha	（中）幸福。（形）快樂，幸福。
Sukhāvatī	（女）極樂（淨土）。
sugati	（女）善趣，幸福的世界。
suta	（男）兒子；sutā：（女）女兒。
sudurlabha	（形）極爲難得。
subhairava	（形）甚爲可怕，非常可怖。
su-mukha	（中）美麗的面容（或美好的口）。（形）擁有美麗的面容（或美好的口）。
su-locana	（形）美麗的眼睛。
suvarṇa	（中,形）黃金。
sūta	（男）御者。
sūrya	（男）太陽。
sṛ-	I. sarati，走，漂流。過被分：sṛta；動名：-sṛtya；使役：sārayati。動名：-sārya。pra-ud-：看不見。vy-anu-：浸透。apa-：離去。sam-ud-使役：使撤退，漂流。

sṛj-	VI. sṛjati, sṛjate，放走，釋放，生殖。過被分：sṛṣṭa。ut-：投擲，放下，丟掉。upa-：壓迫，使痛苦，走近。vi-：丟掉，放出，流淚。使役：sarjayati；放出，下雨。
sṛp-	I. sarpati，爬行，蠕動，匍匐。過被分：sṛpta。不定：sarpitum。pari-：來回爬行。
sopāna	（中）樓梯，台階。
saumukhya	（中）溫良，愉悅。
saumya	（形）親切，溫柔，平和。-guṇa：（男）優雅的美德。
stu-	II. stauti，稱讚，讚美。不定過去：astauṣīt。完成：tuṣṭāva；複數：tuṣṭuvuḥ。過被分：stuta。動名：stutvā, -stutya。不定：stotum。
strī	（女）婦女，女人，妻。-jana：（男，集合名詞）婦女們，女子們。
sthā-	I. tiṣṭhati，住，站立，生活。pra-：停駐，向著...。upa- ：站在。adhi-：支配，控制。ava-:存在，住在。pra-：追求，向...邁進。prati-upa-：起來迎接，到達。現主分：tiṣṭhat。過被分：sthita。不定：sthātum。使役：sthāpayati，使安住。使役動名： sthāpayitvā，除...之外（多與對格同用）。
sneha	（男）慈愛，愛，感情。
spṛh-	X. spṛhayati, spṛhayate，願望，盼望。過被分：spṛḍha。
sphaṭika	（男）水晶。
sphīta	（形）膨脹，盛放，繁盛，睜開。-tara：比較級。
sma	（品）表示斷言。與現在時態的動詞連用，以表示過去時態。
smṛ-	I. smarati，記憶，想念。sam-：記憶。anu-：憶念。vi-：忘記。過被分：smṛta。現主分：smarat。未被分：smaraṇiya。
smṛti	（女）記憶，記憶力。
syandana	（男）車，戰車。
sva	（反身代）自身的。-anta：（男）自己的滅亡，死亡。-jāti：（女）本性，（用於複合詞首）生

來的。-artha:（男）爲了自己。

svayaṃbhū　（形）自己存在的，自生的。

svara　（男）聲，音，元音，音調。

svarga　（男）天界（特指因陀羅的天界）。

H

ha　（品）放在要強調的詞後，表示：verily, certainly, indeed，確實。

haḍi　（男）木枷鎖。

han-　II. hanti，殺害，打，傷害，妨礙。未完成過去：ahan。完成：jaghāna。過被分：hata。現被分：hanyamāna。vi-：苦惱。vi-ni-：殲滅。abhi- ：重擊，重打。

hantṛ　（男）破壞者，殺害者。（女）：-trī。

hara　（形）奪取，侵占。

hasta　（男）手。（於句末）...在手中。

hā-　III. jahāti，捨棄。過被分：hīna。現主分：jahat。apa-：放棄。ava-：捨棄。

hi　（連）表示原因：因爲。（副）表示鄭重：確實，誠然。與疑問詞連用：請問？na hi：一點也不，not at all。

hiṃs-　VII. hinasti，殺害，傷害，摧毀，搞亂。動名：hiṃsitvā。不定：hiṃsitum。

hiraṇmaya　（形）黃金製的，黃金的。

hṛṣ-　IV. hṛṣyati，喜悅，興奮。過被分：hṛṣṭa。完成：jaharṣa。pra-：興高采烈。

hetu　（男）原因，爲了...，因爲...。